Luis Fernando Macías

Todas las palabras reunidas consiguen el silencio
(Suma selecta)

~

All the words together attain the silence
(Selected Poems)

English Translation by
Valentina Macías

Selection and Edition by
Carolina Zamudio

New York, 2017

Title: *Todas las palabras reunidas consiguen el silencio (Suma selecta) / All the words together attain the silence (Selected Poems)*

ISBN-10: 1-940075-51-3
ISBN-13: 978-1-940075-51-8

Design: © Ana Paola González
Cover & Image: © Jhon Aguasaco
Author's photo by: © Carolina Zamudio
Editor in chief: Carlos Aguasaco
Spanish originals © Luis Fernando Macías
English translation © Valentina Macías

E-mail: carlos@artepoetica.com
Mail: 38-38 215 Place, Bayside, NY 11361, USA.

© Todas las palabras reunidas consiguen el silencio (Suma selecta) / All the words together attain the silence (Selected Poems), Luis Fernando Macías
© English translation, Valentina Macías
© Edition, selection and foreword by Carolina Zamudio
© *Todas las palabras reunidas consiguen el silencio (Suma selecta) / All the words together attain the silence (Selected Poems)*, 2017 for this edition Artepoética Press

Copy editing in English by: Nora Delgado, Sharon Mulligan & Aldo Zamudio

All rights reserved. No part of this publication may be reproduced, distributed, or transmitted in any form or by any means, including photocopying, recording, or other electronic or mechanical methods, without the prior written permission of the publisher, except in the case of brief quotations embodied in critical reviews and other noncommercial uses permitted by copyright law. For permission requests, write to the publisher, addressed "Attention: Permissions Coordinator," at the address below:
38-38 215 Place, Bayside, NY 11361, USA

Todos los derechos reservados. Esta publicación no puede ser reproducida, ni en todo ni en parte, ni registrada en o transmitida por un sistema de recuperación de información, en ninguna forma ni por ningún medio, sea mecánico, fotoquímico, electrónico, magnético, electroóptico, por fotocopia, o cualquier otro, sin el permiso previo por escrito de la editorial, excepto en casos de citación breve en reseñas críticas y otros usos no comerciales permitidos por la ley de derechos de autor. Para solicitar permiso, escríbale al editor a:
38-38 215 Place, Bayside, NY 11361, USA.

Índice / Table of Contents

Prólogo 7
Foreword 11

DEL BARRIO, LAS VECINAS 15

[1] María	16	[1] María	17
[2] Mercedes	18	[2] Mercedes	19
[3] Doña Sofía	20	[3] *Doña* Sofía	21
[4] Doña Felipa	22	[4] *Doña* Felipa	23
[5] Mira	24	[5] Mira	25
[6] Carmen	26	[6] Carmen	27
[7] Miriam	28	[7] Miriam	29
[8] Maruja	30	[8] Maruja	31
[9] Clara	32	[9] Clara	33
[10] Elenita	34	[10] Elenita	35
[11] Elvia	36	[11] Elvia	37
[12] Marina	38	[12] Marina	39
[13] Anita Vallejo	40	[13] Anita Vallejo	41
[14] Rosalina	42	[14] Rosalina	43
[15] Ágata	44	[15] Ágata	45
[16] Estela	46	[16] Estela	47
[17] Estrella	48	[17] Estrella	49
[18] Amparo	50	[18] Amparo	51
[19] Mercedes	52	[19] Mercedes	53
[20] Elegía Múltiple	54	[20] Multiple Elegy	56

UNA LEVE MIRADA SOBRE EL VALLE 59

[21] Historia lejana	60	[21] A Story of Long Ago	61
[22] La muerte de mi abuela	62	[22] My Grandmother's Death	63
[23] Una excursión de pescadores	64	[23] Fishermen's Expedition	65
[24] Una mujer callada y un perro	66	[24] A Silent Woman and a Dog	67
[25] Escalando una montaña	68	[25] Climbing a Mountain	69
[26] Una cocina de campo	70	[26] A Countryside Kitchen	71
[27] El primer momento	72	[27] The First Moment	73
[28] Voces	74	[28] Voices	75
[29] Ética	76	[29] Ethics	77
[30] Oscuro	78	[30] Obscure	79
[31] Mientras un fuego	80	[31] Meanwhile a Fire	81
[32] Como una pluma	82	[32] Like a Feather	83

[33] Para el canto	84	[33] Born to sing	85
[34] Criatura débil	86	[34] A Weak Creature	87
[35] Instante	88	[35] An Instant	89
[36] Ámbito	90	[36] Realm	91
[37] A Villón respondo	92	[37] To Villon I Respond	93
[38] Ya no soy	94	[38] I am not anymore	95
[39] Mi alma	96	[39] My Soul	97
[40] Consigna	98	[40] Instruction	99
[41] De nuevo en la luz	100	[41] Again in the Light	101
[42] Canto azul	102	[42] Blue Song	103
[43] Tránsito	104	[43] Transit	105

LA LÍNEA DEL TIEMPO 107

[44] Memoria del pez	108	[44] The Memory of the Fish	109
[45] El mismo ayer	110	[45] The Same Yesterday	111
[46] Historias de amor	112	[46] Love Stories	113
[47] Cántiga de la aceptación	114	[47] Ballad of Acceptance	115
[48] La noche del tiempo	116	[48] The Sunset of Time	117
[49] El tiempo de Aristóteles	118	[49] Aristotle's Time	119
[50] No es verdad el tiempo	120	[50] Time is not Real	121

LOS CANTOS DE ISABEL 123

[51] El maestro de literatura	124	[51] The Teacher of Literature	125
[52] Reptil	126	[52] Reptile	127
[53] Presente	128	[53] Present	129
[54] Ronda	130	[54] Round Dance	131
[55] Dos llamados	132	[55] Two Callings	133
[56] Dos hombres	134	[56] Two Men	135
[57] Inscripción	136	[57] Inscription	137
[58] Grabado	138	[58] Print	139
[59] Petición	140	[59] Request	141

CANTAR DEL RETORNO 143

[60] Regreso	144	[60] Return	145
[61] Invocación del retorno	146	[61] Invocation for the Return	147
[62] Péndulo	148	[62] Pendulum	149
[63] El ausente	150	[63] The Missing One	151
[64] El derrotado	152	[64] The Defeated One	153
[65] Retorno	154	[65] Return	155
[66] Geometrías	156	[66] Geometries	157
[67] El gran viaje	158	[67] The Great Journey	159
[68] La imagen del mundo	160	[68] The Image of the World	161
[69] La unidad	162	[69] The Unit	163
[70] Reloj de arena	164	[70] An Hourglass	165
[71] Sextante	166	[71] A Sextant	167

EL JARDÍN DEL ORIGEN   169

[72] Una pregunta	170	[72] A Question	171
[73] La máquina	172	[73] The Machine	173
[74] Adán	174	[74] Adam	175
[75] Presencia	176	[75] Presence	177
[76] Eterno retorno	178	[76] Eternal Return	179
[77] Viaje a la semilla	180	[77] Journey to the Seed	182
[78] El pequeño ciclo	184	[78] The Small Cycle	185
[79] El viaje	186	[79] The Journey	187
[80] Dos momentos	188	[80] Two Moments	189
[81] La continuidad	190	[81] Continuity	191
[82] Los expulsados	192	[82] The Expelled	193
[83] La expulsión	194	[83] The Expulsion	195
[84] La fuente del conocimiento	196	[84] The Source of Knowledge	197
[85] El bien perdido	198	[85] Lost Goodness	199
[86] El bífido animal	200	[86] The Bifid Animal	201
[87] El regreso a la oscuridad	202	[87] Return to Darkness	203
[88] La gran batalla	204	[88] The Great Battle	205
[89] Guardián de la inocencia	206	[89] The Guardian of Innocence	208
[90] El gran pantano	210	[90] The Great Swamp	212
[91] La causa primigenia	214	[91] The Original Cause	215
[92] El jardín de las delicias	216	[92] The Garden of Delights	217
[93] El manantial de bienes	218	[93] The Fountainhead of Goods	219
[94] Un corazón tranquilo	220	[94] A Quiet Heart	221
[95] El alma universal	222	[95] The Universal Soul	223
[96] Diálogo de los incomunicados	224	[96] Dialogue about the Incommunicable	225
[97] Paraíso	226	[97] Paradise	227
[98] El reino de la incertidumbre	228	[98] The Kingdom of Uncertainty	229
[99] Canción	230	[99] Song	231
[100] Ese otro viaje	232	[100] That Other Journey	233
[101] El jardín de antes	234	[101] The Former Garden	235
[102] El umbral del regreso	236	[102] The Threshold of Return	238

EL LIBRO DE LAS PARADOJAS   241

[103] Paradoja de la libertad	242	[103] The Paradox of Freedom	243
[104] Los dones	244	[104] The Gifts	245
[105] Aporía	246	[105] Aporia	247
[106] Viabilidad	248	[106] Viability	249
[107] Permeabilidad	250	[107] Permeability	251
[108] Abarcabilidad	252	[108] Encompassment	253
[109] La conciencia	254	[109] Consciousness	255
[110] En la cifra del misterio	256	[110] In The Cypher of The Mystery	257
[111] Uno y el Universo	258	[111] One and the Universe	259
[112] Viaje interior	260	[112] Inner Journey	261
[113] Lo otro	262	[113] The Other	263

[114] Deducciones	264
[115] Otredad	266
[116] La sombra	268
[117] Dimensiones	270
[118] Reciprocidad	272
[119] Magnetismo	274
[120] Generatividad	276
[121] Espejismo	278
[122] Esencias	280
[123] Implicaciones	282
[124] Flor de identidad	284
[125] Mente versus materia	286
[126] Mente versus espíritu	288
[127] Abismos	290
[128] Vacío	292
[129] Tiempo	294
[130] Senderos	296
[131] La semilla	298
[132] Correspondentia	300
[133] El río	302
[134] Cantar del silencio	304
[135] El olvido y la memoria	306
[136] Hipótesis de la semilla	308
[137] Disolución	312
[138] La gran afirmación	314
[139] Misterium	316
[140] Rizoma	318
[141] Unidad	320

[114] Deductions	265
[115] Otherness	267
[116] The Shadow	269
[117] Dimensions	271
[118] Reciprocity	273
[119] Magnetism	275
[120] Generativity	277
[121] Mirage	279
[122] Essences	281
[123] Implications	283
[124] The Flower of Identity	285
[125] Mind Versus Matter	287
[126] Mind Versus Spirit	289
[127] Abysses	291
[128] Vacuum	293
[129] Time	295
[130] Trails	297
[131] The Seed	299
[132] Correspondentia	300
[133] The River	303
[134] Song of Silence	305
[135] Oblivion and Memory	307
[136] The Seed Hypothesis	310
[137] Dissolution	313
[138] The Great Affirmation	315
[139] Misterium	317
[140] Rhizome	319
[141] Unity	321

Luis Fernando Macías	323
Obras	324
Luis Fernando Macías	326
Works	327
Carolina Zamudio	329
Valentina Macías Isaza	330
Epílogo / Epilogue by Pablo Montoya	331

Prólogo

Esta suma selecta de Luis Fernando Macías es una invitación al estado de sabiduría, esa fase sin tiempo ni forma que abarca lo más vasto e insondable. Un impulso de permanecer en la verdad, como lo hace su propia poesía. Es animarse al desafío de navegar en el interior del hombre de la mano del poeta desentrañando la belleza de la razón, del ser al servicio del amor por la vida y sus preguntas. El lector lo puede hacer en sosiego. No hay incertidumbre que conduzca a ningún abismo. Al contrario, verle la cara a lo desconocido e intuido es una forma de nombrarlo. Macías ama a las personas, los objetos, la naturaleza, al universo todo, visto desde todas sus caras. Y lo ofrece sin fisuras, desbordante de lo más puro, sin cabos sueltos, un camino —no siempre ascendente por su dificultad— que ayuda a conocernos, transformarnos y, si quisiéramos, una guía para crecer intelectual y espiritualmente.

El trabajo riguroso valida sus hallazgos. El poeta indaga en las profundidades, tanto como interpela al lector para ponerle el cuerpo a lo trascendente, que es fugaz. Su poesía vive, aunque quizá solo el tiempo saque a la luz su significado más hondo. Cada libro es un nuevo nacimiento, único. Los siete títulos reunidos aquí constituyen una búsqueda de esa dificultad mayor de la poesía de decir en lugar de cantar, un reto que se persigue todo el tiempo en estos textos. Así se va engarzando la faena, el hilo del tiempo, el gran tema de la escritura de Macías.

El escritor ha publicado nueve poemarios: *Del barrio las vecinas* (1987), *Una leve mirada sobre el valle* (1994), *La línea del tiempo* (1997), *Los cantos de Isabel* (2000), *Cantar del retorno* (2003), *El jardín del origen* (2009) y *El libro de las paradojas* (2015). También se editó una reunión de algunos de sus poemas bajo el título *Memoria del pez* (2002) y una antología, *Callado canto* (2010). En este camino que transcurrió junto a la vida misma en la búsqueda calma pero apasionada del conocimiento, sus poemas develan la trama de un camino que inicia en la mirada atenta a lo tangible, lo cercano: las vecinas y amigas de su madre Mercedes, en La Milagrosa, su barrio de infancia en Medellín; desde allí sale hasta un territorio más amplio en que el poeta interroga a la humanidad toda, con sus incertidumbres.

La producción de este autor comprende casi todos los géneros: es un entramado de trabajo paciente, cuyo punto de partida y fin es la abundancia. Uno tras otro, el escritor construye un puente entre él mismo y el mundo. El ingeniero que imaginó ser alguna vez, pero —tironeado a tiempo por su verdadera vocación— no fue, se vislumbra siempre. Ordenado en una biblioteca, asentado en la sensibilidad de un lector inclemente, su trabajo se sedimenta uno sobre otro con solvencia. La novela le da aire a la poesía; el taller a la novela, método; el editor, una perspectiva amplia que refrenda; la literatura infantil, cuya producción nunca cesa, lo mantiene en contacto con lo sencillo, y la obra toda es, al fin, un edificio de cimientos firmes ornamentado solo donde haga falta. Su voz es un camino bordeado de bifloras, con una antesala limpia y un jardín al centro, que puede ser admirado desde cada piso.

El poeta dialoga con el ensayista y sus propios mentores, para desgranar significados en busca de la esencia, esa que logra su soliloquio más íntimo en la poesía. Si al escritor la narrativa se le da acto cotidiano —como tomar agua, respirar— y produce novelas casi sin pausa, la lírica es una ceremonia de períodos más pausados, pensados; por eso median paréntesis entre un libro y otro, con la intención involuntaria y consciente a la vez de buscar en el cuenco profundo de su ser hasta dar con esa fuente que derrama vida.

Su poesía es un niño pequeño que sale a explorar el mundo y, desde las fronteras desdibujadas del saber que todo lo abarca, vuelve resplandecido a la casa, al nido, al cuerpo, al vientre; al origen regresa, con la inocencia intacta que deja la calma de la búsqueda. "Déjame leer el libro que tus manos abren" es el primer verso de esta selección, el primero de estos treinta años de trabajo.

Todas las palabras reunidas consiguen el silencio

Su obra comienza a mitades del siglo XX y se lo menciona. En el primer apartado, *Del barrio, las vecinas*, se asiste a la lectura de un admirador de lo femenino: lo escudriña y retrata. Así, esas mujeres son las diosas diversas y enérgicas de la religión que es la primera infancia. Interviene también la guerra, que se cuenta a través de los deudos (las madres, en este caso) que constituyen una forma antojadiza de la trascendencia, un recurso para contar desde lo opuesto. De ese modo continúa, ampliando desde la reflexión en el péndulo, en el principio de oposición, hasta llegar al último de sus títulos, *El libro de las paradojas*.

Existe una conciencia de lo transitorio. Se lee a un poeta total: de la vida y de la muerte, con aceptación completa y mansa de la estancia física transitoria en el mundo. "Lo conozco todo / pero tampoco a mí mismo". Luz y oscuridad, opuestos necesarios en busca del amor como recompensa de quien nada pretende: llegar al fondo, como el ideal de la disolución del yo, el sitio donde habita la humildad, el bien último.

Luego de ese primer libro, *Una leve mirada sobre el valle* se acerca y adentra en la familia, los ancestros y la descendencia de forma más directa. Hay también una perspectiva ampliada sobre el paisaje y los espacios. La mirada se hace nítida al posarse en las paredes de la casa y desde allí se vuelve a mirar hacia afuera. Antes, se murieron los otros y el poeta lo escribió en tercera persona o tomando la voz de las mujeres; aquí, se apodera y se empodera, ya con su propia voz. La que antes se insinuaba perpleja, ahora se planta para decir: "No recuerdes con nostalgia".

Desde este segundo libro, los poemas se despersonalizan, ganan abstracción, una pintura de diversas capas. Entra también lo geográfico y se dice no ya la historia particular como parte de la historia toda de la tribu, sino que se exploran otros parajes, como nuevas formas poéticas. Mira hacia el valle, no desde el valle, y encuentra su canto en el silencio apelando a la razón, el amor y, siempre, la alegría.

En sus comienzos, la obra se ciñe a todas las reglas clásicas, pero después abandona varias a sus anchas. El verso tiende a sentenciar con determinación, pero sin la soberbia del erudito, sino como condición necesaria de presentar una conclusión, para luego ser desgranada, hacerla digerible y, sobre todo, poética. Mientras el versículo se alarga, el camino que conduce a sí mismo se va haciendo, a la vez, más recóndito, bifurcado, y —por ende— claro. Hay, a menudo, un mecanismo de encadenamiento de un poema con otro, para abordar de otro modo, sumando, resignificando, la misma idea.

Los poemas cortos de esta selección tienen la contundencia de la perfección estética, el brillo que se alcanza en la esencia de eso que logra asir el artista para soltarlo. "Bajo tu rostro / sonríe una calavera", traza. El método con frecuencia consiste en decir que es necesario poner luz sobre algo y luego dar la fórmula para hacerlo. *El jardín del origen* también es un ejemplo de este procedimiento. Los poemas allí vuelven a acortarse, una palabra es un verso y lo dice todo. Va en busca del átomo y, allí, logra la expresión superior de la mínima poesía, la más intensa. Los textos son casi epifanía: destello apenas de las cumbres que alcanza algunas veces *Todas las palabras reunidas consiguen el silencio*.

Luis Fernando Macías es el poeta de la razón que escribe con el espíritu. Incluso en el orden espacial busca organizar eso que lo circunda, con la naturalidad y las ansias de quien comienza a caminar, hablar. Lo hace para aprender. Vislumbra la poesía como mirando un plano: desde ese lugar crea. Incluso, aunque alguna vez diga: "el corazón no conoce por lo que la razón le enseña". Al mismo tiempo, esboza un manual, casi, de cómo pensar. Tiene un hilo pedagógico por medio del cual conduce de forma amorosa el aprendizaje. Como si esos descubrimientos le hubieran sido dados, como dones, para partirlos —hacerlos de algún modo más digeribles, diáfanos.

Ninguna palabra está puesta al azar. El poeta nos comparte su técnica; en toda su obra prima la transparencia o, dicho de otro modo, lo ofrece desde distintos ángulos y otorga la posibilidad de quedarse con la versión que mejor se adapte a la propia cosmovisión. La racionalidad, sin embargo, no se riñe con el juego: es un acertijo a ser completado por el lector, como en la secuencia 'semilla, jardín, tiempo, nada, vida, flores, interior'. Un trazo vertical suma conceptos clave; lo que aquí era ornamento, dos líneas debajo constituye el verso mismo.

Pide al universo que lo acompañe y le ilumine el camino. Entran poco a poco los astros y el mundo poético se vuelca hacia el cosmos que, finito, se plasma en la palabra. Hacia la mitad del trayecto se ve con mayor claridad al poeta de las paradojas: los opuestos encuentran la totalidad abarcadora de la existencia. Muchos poemas son enunciativos: "La vida es la búsqueda de su restitución". Se anticipa un todo y, con paciencia de maestro, de aprendiz de sí mismo, va introduciendo algunas palabras que son la estructura de la casa; como si ante la fachada pudiera sentirse agrado y, luego, al develarse el interior, tener la confirmación del porqué de la sensación. El primer verso suele ser el lugar desde donde entrar, lo que la volanta al periodismo o la teoría del iceberg, de Hemingway, aplicada a la poesía.

El poeta se nombra pez, luego equipara a los astros con peces en su mar de espacio y tiempo. Va hacia muy atrás en busca de nuevas preguntas. Llega al agua y al río como un discurrir en ciclos que nunca cesan. Habla a la deidad de la Sabiduría y dice alguna vez "la voluntad serena de la comprensión". Confiesa, desde un rincón primitivo y privilegiado: "Nada me adeuda la vida". Y, aunque algunos pensadores camino hacia el recinto interior tiendan al dolor y al desgarramiento, Macías lo vuelve fabula y ríe, una forma de mostrarse limpio como el alma de sus versos. ¿A qué se vuelve en el *Cantar del retorno*? "Nosotros somos ese invento de nosotros", descubre.

El camino es, al fin, ordenar el caos. A modo de fábula, por lo ético y universal, que se sostiene a fuerza de estilo. Nos enfrenta y afrenta con los temas cruciales de la existencia, sin desbordes, desde la parsimonia del entendimiento. ¿No es, acaso, oportuno, que alguien tan lleno de preguntas responda de manera milimétrica a esas mismas dudas? El desafío está planteado en el verso "el engendro limitado de la comprensión". Enuncia, postula y resuelve con la precisión de las artes duras, mientras la maravilla de la palabra acierta que sus propios postulados son de entendimiento acotado. Pareciera que solo después de quedar en paz con la razón, el espíritu de esta obra pudiera desplegarse en esplendor y —entonces sí— alcanzar sitios ilimitados.

Carolina Zamudio
Puerto Colombia, 5 diciembre de 2016

Nota de la antóloga acerca de la traducción: la edición de los poemas en inglés estuvo a cargo de Nora Delgado (Argentina) y la corrección de estilo del prólogo fue realizada por Sharon Mulligan (Estados Unidos) y Aldo Zamudio (Argentina/Estados Unidos).

Foreword

These selected writtings by Luis Fernando Macias are an invitation to wisdom; that timeless, formless phase encompassing that which is vastest and most profound. It is an impetus to remain in the truth, as his poetry does. It emboldens the reader to face the challenge of navigating humanity's depths by the hand of the poet unraveling beauty from reason, and to be at the service of a love for life and its questions. The reader can do it in quietude. There is no uncertainty driving toward any abyss. On the contrary, seeing the face of the unknown and the intuited is a way of naming it. Macías loves people, objects, nature, the whole universe seen from all its faces. And he offers a path, seamless, overflowing from pureness, without loose ends — not always ascending because of its difficulty— that helps us to know ourselves, transforms us, and if we want, is a guide for growing intellectually and spiritually.

The rigorous work validates his findings. The poet inquires in the depths, as well as asks the reader to throw themselves toward the transcendent, which is fleeting. His poetry lives, although perhaps only time will bring to light its most profound meaning. Each book is a new birth, unique. The seven titles gathered here constitute a search for that more difficult poetry that says rather than sings; a challenge constantly pursued in these texts. So the creation twines together the thread of time, the great subject of Macías' writing.

The writer has published nine books of poems: *Del barrio las vecinas* (1987), *Una leve mirada sobre el valle* (1994), *La línea del tiempo* (1997), *Los cantos de Isabel* (2000), *Cantar del retorno* (2003), *El jardín del origen* (2009) and *El libro de las paradojas* (2015). Other collections of his poems were also edited under the title *Memoria del pez* (2002) and published in an anthology, *Callado canto* (2010). In this road that happened alongside life itself, in the quiet but passionate pursuit of knowledge, his poems reveal the fabric of a path which begins in the attentive gaze to the tangible, the near: the neighbors and friends of his mother Mercedes in La Milagrosa, his childhood neighborhood in Medellin; from there it sets out to a wider territory in which the poet interrogates humanity as a whole, with all its uncertainties.

This author's production comprises almost all genres; it is a web of patient work, whose starting and ending point is abundance. One by one, the writer builds a bridge between himself and the world. The engineer he once imagined himself to be, but —pulled in time by his true calling— never was, is always evident. Organized in a library and matured through the sensitivity of a rigorous reader, his works settle, one over the next reliably. The novel to the poetry gives air; the workshop to the novel, method; the editor, a broad perspective that authenticates; the children's literature, whose production never ceases, keeps him in contact with the simple, and the total work, in the end, is a building of strong foundations, ornate only where necessary. His voice is a walkway lined with passion flowers, with a clean anteroom and a garden in the center, which can be admired from every floor.

The poet converses with the essayist and his own mentors, in order to thresh out meanings in search of the essence, that which achieves its most intimate soliloquy in poetry. If for the writer narrative is given as a quotidian act —like drinking water, breathing— and produces novels almost without pause, lyrical literature is a ceremony of much more paused and thought-out intervals; therefore parentheses mediate between one book and the next with the intention, involuntary and conscious at the same time, of searching in the deep vessel of his being until the source that overflows life is found.

His poetry is a small child who goes out exploring the world and, from the blurred borders of the knowledge that extends over everything, returns resplendent home, to the nest, to the body, to the womb; to the origin he returns, with innocence left intact by the calm of the search. "Let me read the book opened by your hands" is the first verse of this gathered material, the first of these thirty years of his work.

ALL THE WORDS TOGETHER ATTAIN THE SILENCE

His body of work begins in the middle of the twentieth century, and this is mentioned. In the first section *From the Neighborhood, the Ladies*, one attends the lecture of an admirer of the feminine: he examines and renders it. Thus, these women are the diverse and lively goddesses of the religion that is early childhood. The war also intervenes, as told through the bereaved (the mothers, in this case) which constitutes a capricious form of transcendence, an approach of recounting from the other side. In this way it continues, extending from the reflection on the pendulum, on the principle of opposition, until reaching the last of his titles, *The Book of Paradoxes*.

There exists an awareness of the transitory. A complete poet can be read: a poet of life and death, with a full and tame acceptance of the transitory physical stay in this world. "I know it all,/ but I know/ myself neither." Light and darkness, necessary opposites in search of love as a reward for someone who expects nothing: to reach the bottom, like the ideal of a dissolution of the "I", the place where humility lives, the ultimate good.

Following that first book, *A Delicate Glimpse over the Valley* approaches and delves more directly into family, ancestors and descendents. There is as well a heightened perspective on landscape and place. The gaze clarifies as it lands on the walls of the house and from there turns to look outward. Before, when the others died, the poet wrote in the third person or assumed the voice of the women; here, he takes over and empowers himself, now in his own voice. That which before was glimpsed as perplexed, now plants itself to say: "Do not remember with longing".

Since this second book, the poems depersonalize, gaining abstraction, a painting of varied layers. The geographic enters as well and it is told not as the particular story that is part of the whole tribe's history, but rather it explores other settings, as new poetic forms. It looks toward the valley, not from the valley, and finds its song in the silence appealing to reason, love and, always, joy.

In its beginnings, the work adheres to all the classical rules, but later leisurely abandons several. The verse tends toward declaring with determination, but without the arrogance of the erudite, rather as a necessary condition of presenting a conclusion, and then it is milled, to make it digestible and, above all, poetic. While the verse elongates, the path that leads toward itself is becoming, at the same time, bifurcated, and —therefore— clear. There is often a mechanism of linking one poem to another, to tackle in a different manner – summing up, resignifying – the same idea.

The short poems of this selection have the forcefulness of aesthetic perfection, the brightness that is achieved in the essence of that which the artist manages to grasp in order to release. "Beneath your face/ a skull smiles", he sketches. The method frequently consists of saying that it is necessary to illuminate something and then giving the formula for doing so. *The Garden of Origin* also is an example of this technique. In there the poems return to a shorter form; a word is a verse and says everything. It goes in search of the atom, and there, it achieves the highest expression from minimal poetry, the most intense. The texts are almost an epiphany; a faint glimmer of the peaks that are sometimes reached by *All the Words Gathered Attain the Silence.*

Luis Fernando Macías is the poet of reason who writes with the spirit. Even in the spatial realm he seeks to organize that which surrounds him, with the naturalness and yearning of those beginning to walk, to speak. He does this to learn. He glimpses poetry like looking at a blueprint; from that place he creates. Even though at times he says: "The heart does not learn by the teaching of reason." At the same time, he drafts a manual, almost, of how to think. It has a pedagogical thread through which it lovingly leads to learning. As if these discoveries had been given, like gifts, in order to break them into pieces – make them somehow more digestible, unclouded.

Not a single word is placed by chance. The poet shares with us his method; in all his work he prioritizes transparency or, said another way, he offers it from different angles and grants the possibility of keeping the version that best suits one's worldview. Rationality, however, doesn't meddle with the game: it's a riddle to be completed by the reader, as in the sequence, "seed, garden, time, nothing, life, flowers, interior." A vertical stroke joins key concepts; what here was an ornament, two lines below constitutes the verse itself.

He asks the universe to accompany him and illuminate his path. Little by little, the celestial enters and the poetic world throws itself into the cosmos which, finite, is embodied in the word. Towards the middle of the journey the poet of paradoxes appears with greater clarity; opposites encounter the encompassing totality of existence. Many poems are enunciative: "Life is the quest for the recovery of lost goodness." A whole is foreseen, and with the patience of a master, of an apprentice of himself, he starts introducing words that are the framework of the house; as if one could feel pleasure before the façade, and then as the inside reveals itself, gets confirmation of why the sensation. The first verse tends to be the place from which to enter, as the headline is in journalism or as Hemingway's Iceberg Theory applies to poetry.

The poet names himself fish, later he likens the celestial to fish in his sea of space and time. He goes far back in search of new questions. He reaches the water and the river, flowing in cycles that never cease. He speaks to the deity of Wisdom and at times says: "The quiet goodwill of understanding." He confesses, from a primitive and privileged corner: "Life owes me nothing." And, though some thinkers on the road toward the interior tend toward pain and upheaval, Macías turns it into a fable and laughs; a way of displaying himself as clean as the soul of his verses. To what does he turn in the *Song of Return*? "We are that invention of ourselves," he discovers.

The path is, in the end, putting order to chaos. In the manner of a fable, through the ethical and the universal, it supports itself by force of style. It confronts and affronts us with the crucial themes of existence, without excess, from the parsimoniousness of understanding. Is it not, perhaps, appropriate that someone so full of questions responds so minutely to those same doubts? The challenge is raised in the verse, "The limited offspring of understanding." He enunciates, postulates and resolves with the precision of the martial arts, while the wonder of the word correctly guesses that its own postulates are of limited understanding. It would seem that only after being at peace with reason can the spirit of this work unfold in splendor and - then yes – reach limitless places.

Carolina Zamudio
Puerto Colombia, December 5, 2016

Editor's note on the translation: the English versions of the selected poems were reviewed by Nora Delgado (Argentina). The foreword was reviewed and corrected by Sharon Mulligan (USA) & Aldo Zamudio (Argentina / USA) .

DEL BARRIO, LAS VECINAS

~

FROM THE NEIGHBOURHOOD, THE LADIES

(1980-1998)

[1] María

Déjame leer el libro que tus manos abren.
En dónde, en tu cuerpo,
en ti se gesta el nuevo espíritu.
Déjame volar en el cielo ilímite de tus ojos.
Hazme un lugar para ser limpio como tu alma.
Cuál es el lugar,
tu cuerpo es el único lugar,
en ti nace nuestra alegría,
tu ausencia es el dolor.
Abrigo y sosiego,
puerta del camino,
te llamamos.
Ábreme a la comprensión del libro:
allí se lee mi verdad,
allí está escrita mi única verdad.

[1] María

Let me read the book opened by your hands.
Where, in your body,
within you does the new spirit grow.
Let me fly in the unlimited sky of your eyes.
Make a place for me where I can be as clean as your soul.
Which is the place,
your body is the only place,
our joy grows within you,
your absence is pain.
Shelter and comfort,
we call you
gate to the path.
Allow me to understand the book:
there can my truth be read,
my only truth is written there.

[2] Mercedes

Doblado el delantal entre las manos,
las gruesas venas
subiendo por tus piernas,
la espuma del leño verde
entre las llamas
y el olor a pan caliente
aferrado a tu cuello.

No solo un recuerdo
ni una viajera hacia el olvido...
Eras un ser vivo en la vida.

[2] Mercedes

Your apron folded between your hands,
thick veins
climbing up your legs,
the foam of the green firewood
among the flames,
and your neck impregnated
with the smell of hot bread.

Not only a memory
nor a traveller into oblivion...
You were a living being in life.

[3] Doña Sofía

Vamos, monaguillo,
haz que la empape el agua bendita.

Organista de la iglesia,
dale vibración a tus dedos,
que en tu garganta brote
bello canto.

Coro de mujeres del barrio,
responded con llanto y melodía
a mi plegaria.
Barrio de La Milagrosa,
construido en torno de mi parroquia,
levantado discretamente sobre una colina,
barrio que ocupas tres veces
las tres naves del templo,
recordadla en su oscura casa,
viuda, atendiendo el granero por la ventana,
recordad a sus tres hermanas solteras:
Abigaíl, la harapienta, la que alcanzó locura mística;
Isabel y Consuelo, quienes permanecían en la casa,
las cuatro de lentes blancos,
ancianas todas,
amigas del prójimo.

Descansen en paz sus almas.

[3] *Doña Sofía*

Come, altar boy
let her be soaked in holy water.

Church organist,
let your fingers vibrate,
make your throat pour out
a beautiful song.

Choir of ladies from the neighbourhood,
respond with crying and melody
to my prayer.
Neighbourhood of La Milagrosa,
built around my parish,
discreetly erected on a hill,
neighbourhood that occupies three times
the three naves of the temple,
remember her, inside her dark house,
a widow, taking care of the barn through the window,
remember her three unmarried sisters:
Abigail, the shabby one, who reached mystical madness;
Isabel and Consuelo, who remained in the house,
the four wore white glasses,
all elderly women,
neighbour's friends.

May their souls rest in peace.

[4] Doña Felipa

Bajaban buses desde las cuatro de la mañana,
asomaban rostros
venidos desde sus lechos humildes.
De seres ingenuos se poblaban las colinas
y al Dios cristiano, único en su trinidad,
estaba consagrada la vida.
Llenos de luz eran los días,
el tiempo parecía detenido
en la alternancia del amor y el simple odio.
Elementales eran nuestras vidas,
dueñas de un valle y sus montañas,
de una poca conciencia,
en las altas lomas,
en la mitad del siglo.
De los pueblos venían nuestros padres
y el barrio era como un pueblo en tránsito
en vida de Felipa.
Felipa era la más vieja
y, sobre todos, la gran autoridad,
como si fuéramos la tribu.
Ella,
una negra menuda, lánguida, de cabello blanco,
sabía curar a nuestros enfermos,
dirimir las peleas,
reunir nuestras costumbres...
en las fiestas, en los ritos,
en el solaz de las noches.
Cuando murió Felipa en los brazos de Rocío,
con ella se murió una forma de vida.
El orden, la identidad común,
se tornaron soledad,
la inocencia se volvió violencia:
El caos erigió su trono,
la muerte vil
se hizo signo.

[4] Doña Felipa

Buses would descend since four in the morning,
faces would show up
out of their humble beds.
Naive people would populate the hills
and to the Christian God, unique in its trinity,
would life be consecrated.
Full of light were the days,
time seemed still
in the alternation of love and simple hate.
Elementary were our lives,
owners of a valley and its mountains,
with little awareness,
on tall hills,
in the middle of the century.
Our parents came out of the towns
and the neighbourhood was a village in transit
when Felipa was alive.
Felipa was the eldest
and, above all, the highest authority,
as if we were her tribe.
She,
a small, languid, white-haired black woman,
knew how to heal the sick,
settle fights,
bring together our customs…
at our festivities, our rites,
in the solace of the nights.
When Felipa died in Rocío's arms,
a lifestyle died with her.
Order, collective identity,
became loneliness,
innocence became violence:
Chaos raised its throne,
vile death
became a sign.

[5] Mira

Doña Mira,
la que está en silencio,
tiene en su interior
un campo de batalla
de todos contra todos.

[5] MIRA

Doña Mira,
the one who is in silence,
in her interior
has a battle
of all versus all.

[6] Carmen

Esta noche
he despertado de repente,
algo ha roto el silencio del sueño,
la soledad de diez años en mi cuarto.

Reconozco ese silbido,

eres tú,
Horacio,
estás borracho.

[6] Carmen

Tonight
I awoke suddenly,
something had broken the silence of sleep,
my ten-year-old loneliness in my room.

I recognize that whistling,

it's you,
Horacio,
you're drunk.

[7] Miriam

Ya que soy delgada y pequeña,
un hombre alto y fuerte,
un hombre moreno y tosco,
que me arranque lágrimas
y haga
crujir mis huesos.

[7] Miriam

Since I am thin and tiny,
a tall and vigorous man,
a brown and coarse man,
who may move me to tears
and make
my bones creak.

[8] Maruja

Estás sentado en el sillón de la sala
con el rostro entre las manos, viejo,
pero solo unos días nos separan,
tus últimos días.

Para tu juventud fue mi juventud
y a mi piel bastaron tus manos,
la libertad de los riachuelos
y de los sietecueros floridos,
en cuya sombra éramos uno.

Para mi paz fueron
nuestros años viejos
atendiendo el granero por la ventana,
donde éramos como los hilos
de un lazo.

Recuerda:
El cartel que hay en la fachada
de la casa
recostado contra el zócalo,
no solo anuncia
mi muerte.

[8] Maruja

You are sitting on the living room sofa
with your face between the hands, old man,
but only a few days separate us;
your last days.

My youth was good for your youth
and for my skin your hands were good enough,
as was the freedom of the streams
and the glory trees in flower,
under whose shadow we were one.

Spending our old years
taking care of the barn through the window,
where we were like the threads
of a rope,
was good enough for me.

Remember:
The poster hanging from the facade
of the house,
leaning against the baseboard,
not only announces
my death.

[9] Clara

Hoy
en estas altas calles
que dominan la ciudad
tocaron a la puerta.

Con los ojos incrustados en las cuencas
una mujer
solicitó un pocillo de café.

Era Clara, la blanca,
soltera en la entrada de la muerte,
cuyo cuerpo varón no ha conocido.

Buscaba
por un instante
ser mirada.

[9] Clara

Today
on these hilly streets
that dominate the city
someone knocked at the door.

With her eyes embedded in their sockets
a woman
requested a cup of coffee.

It was Clara, the white one,
a single woman at the gates of death,
whose body has not known a man.

She expected
to be gazed at
for an instant.

[10] Elenita

En un camión cargado iba él
por las carreteras
mientras yo lo esperaba
dando pedal a la máquina de coser,
tan blanca yo,
encegueciendo.

A su llegada altos platos de comida
antes de darme el sudor de los caminos.

Ahora no veo sus lunares,
sus ojos de ratón.
Ahora lo siento ancho
y distingo su olor en la distancia
mientras oigo las telenovelas.

Ya el débil mundo y la muerte
íntimamente
me llegan.

[10] Elenita

He was on a loaded truck
on the roads
while I waited for him
pedalling the sewing machine,
I so white,
going blind.

Upon his arrival, generous servings of food
before giving me the sweat of the roads.

Now I cannot see his moles,
his mousy eyes.
Now I feel him wide
and I can recognize his odor from the distance
as I listen to soap operas.

Already the weak world and death
intimately
reach me.

[11] Elvia

Esas hermosas rubias,
que al igual sufren y deleitan,
son mis hijas;
esos pulidos hombres,
que manejan buses
o beben hasta la insensata embriaguez,
son mis hijos;
ese viejo de bigotes
que cambió
el calor de mi cuerpo
por el de otro
y el amor de mis hijos
por los de otra,
sin pensar, ¡ay!,
que la muerte
le esperaba como a todos...
fue mi esposo.

[11] Elvia

Those beautiful blonds,
who equally receive pain and delight,
are my daughters;
those polished men,
who drive buses
or drink until foolish drunkenness,
are my sons;
that old man with whiskers
who changed
the heat of my body
for that of somebody else's body
and the love of my children
for that of somebody else's children,
without thinking, oh!
that death
was awaiting him as everyone else...
he was my husband.

[12] Marina

Ahora cuando subo en este bus y,
de paso,
veo un cabello blanco
que enmarca un rostro oculto,
acude el recuerdo de un cabello blanco
enmarcando un rostro oculto.

Dos ventanillas, una cifra de años...

El cabello blanco de hoy
es tuyo, Marina,
como el cabello blanco de antes
fue de tu madre
y como, de algún modo,
nuestro destino repite otros,
aun los más amados.

[12] Marina

Now, as I get on this bus and,
in passing,
I see white hair
framing a hidden face,
there comes along a memory of white hair
framing a hidden face.

Two windows, a number of years...

Today's white hair
is yours, Marina,
as in the past the white hair
was your mother's
and as, in a way,
our destiny repeats others,
both are still the most beloved ones.

[13] Anita Vallejo

A mí
que prodigué los más suaves modales,
el carácter más dócil y la bondad más dulce,
la vida me mantuvo ocupada
                        Viviendo.
Fui feliz,
conservé una muy particular sonrisa,
aún en la mayor adversidad,
y en el instante de morir
abandoné la vida como una música que se hace silencio,
como una tórtola que guarda las alas.

[13] Anita Vallejo

As I was
prodigal with gentle manners,
docility of character, and sweet kindness,
life kept me busy
                          Living.
I was happy,
I kept smiling, a very particular smile,
even in times of great adversity,
and at the moment of death
I abandoned life as music turns into silence,
as a dove folds its wings.

[14] Rosalina

Rosalina me llamaron de niña;
de mujer, Rosalina;
Rosalina llamaron a la anciana de cabellos blancos
y a Rosalina lloraron
el día de mi muerte.

Mis antepasados indígenas fueron guerreros
y mujeres bravas de la raza catía,
mis antepasados blancos fueron bandoleros,
mestizos duros, mis tatarabuelos,
mis abuelos, campesinos oprimidos,
albañiles de ciudad, mis hijos
y carne para el plomo,
pasto de guerra sucia,
mis nietos.

[14] ROSALINA

Rosalina was my given name as a child;
as a woman, Rosalina;
Rosalina was called the old lady of white hair
and they wept for Rosalina
the day of my death.

My indigenous ancestors were warriors
and fierce women from the Catio race,
my white ancestors were brigands,
strong mestizos, my great-great-grandparents,
my grandparents, oppressed peasants,
urban bricklayers, my children,
and flesh for the lead,
cannon fodder in a dirty war,
my grandchildren.

[15] ÁGATA

Descifré
el destino de los muchachos
en el aura de sus cuerpos,
en los aromas de la vida.

Me hablaron los olores del viento,
los sabores de las raíces sabias,
los colores del atardecer,
los latidos de las estrellas,
las rutas nítidas de los astros
y los signos de los sueños.

Pero ¡ay!
de nada sirve conocer el futuro inamovible...

Ni mi más caro deseo
robó a la muerte los muchachos,
los de alma traviesa,
nacidos para la ligera parca.

[15] Ágata

I deciphered
the boys' destiny
in the auras of their bodies,
in the aromas of life.

I was spoken to by the scents in the wind,
the flavours of wise roots,
the colors of the sunset,
the beats of the stars,
the neat routes of the heavenly bodies
and the signs of dreams.

But oh, dear!
there is no point in knowing the invariable future...

Not even my dearest desire
could steal the boys away from death,
those of restless soul,
born for quick Grim Reaper.

[16] Estela

Como las casas
que forzosamente
se levantan
en las riberas
la mínima creciente
un aguacero en el bosque
un amago de invierno
sacuden mi alma
y a veces la derriban
para que mi cuerpo herido
de nuevo la levante
con latas y cartones
sobre el lodo.

[16] Estela

Like the houses
that are
forcedly lifted
in the banks
My soul is shaken
by the smallest overflow
a downpour in the forest
a hint of winter
or sometimes demolished
so that my injured body
may lift it back again
with tin and cardboard
in the mud

[17] Estrella

Ignora las máscaras sucesivas
que me cubren
porque no voy a quitarlas.

Ya no quiero ver el vacío.

Solo ven
y clava de una vez tu aguijón.

Lléname.

Hazlo tantas veces
como máscaras tengo
y nada más...

No pretendas algo
para tu condición
de muñeco
en esta
danza.

[17] Estrella

Ignore the consecutive masks
that cover me
because I am not going to remove them.

I no longer want to see the void.

Just come
and stick at once your sting.

Fill me.

Do it as many times
as masks I have
and not more...

Do not aspire after anything
for your status
as a doll
in this
dance.

[18] Amparo

Vienen hasta mi lecho
ávidos
y entran algunos en mi cuerpo,
para huir despavoridos
cuando salen.
Son como las cuentas
de un rosario
que solo se diferencian
porque se suceden.
El animal
desconocido que encuentran
en el espejo de mis aguas
no es otro
que aquel que les persigue
desde el bosque interior
de sus entrañas.

[18] Amparo

They come to my bed
avid
and some enter my body,
to flee in panic
once they come out.
They are like the beads
in a rosary chain
which can be distinguished only
because they succeed each other.
The unknown
animal they meet
in the mirror of my waters
is not any other
than the one which pursues them
from the inner forest
of their entrails.

[19] MERCEDES

Con la vida
se me dio el amor
por la bondad inocente de servir
                        a los demás
sin condiciones.

Recibí, como un don,
la voluntad incansable para el trabajo
y el ánimo de aceptar,
             naturalmente,
el destino y los destinos,
tanto en las alegrías,
                que son ínfimas,
como en los dolores
                que son también pequeños,
porque el único dolor verdadero
es la existencia.

Fui una entre los vivos
durante más de ochenta años
y, tres días antes de morir,
imaginé al sagrado corazón
atravesando la vidriera de la ventana
para llevarme
            consigo.

Ahora soy el amor de los míos
que también se apagarán.
Tal vez por unos años
he de ser un canto
de palabras para el olvido.

[19] Mercedes

Together with life
I was given love in the form
of innocent kindness for the
unconditional service to
                    others.

I received, as a gift,
a relentless will to work
and the spirit to accept,
                    naturally,
fate and destinies
with both the joys,
                    which are very small
and the pains,
                    which are also small
because the only true pain,
is existence.

I was one among the living
for more than eighty years
and, three days before dying,
I imagined the Sacred Heart
coming through the stained window pane
to take me
                with Him.

Now I am the love of my people,
who will also die out.
Perhaps for a few years
I may be a song
with forgettable lyrics.

[20] Elegía Múltiple

El Sagrado Corazón de Jesús atravesó el vidrio de la ventana
para anunciarle a Mercedes que había venido por ella.
Solo así ella aceptó acompañarlo, puesto que solo esa imagen podía
ayudarla a vencer el temor de entrar en la dulce muerte.
La pobre Nubia fue sacudida una y otra vez:
sus tres hijos se encontraron con la muerte desde muy temprano,
en la forma de una cadena de sucesos violentos y trágicos.
Se diría que fue el dolor de madre lo que arrancó sus dientes, su belleza,
su salud y su existencia...
Doña Sofía, que cada dos minutos repetía su sentencia:
"¿Qué sería, Señor, sin ti la vida?", entregó también su alma,
así como se entrega un canto de alabanza, tranquila y dulcemente.
Doña Felipa murió mientras se comía un pandequeso remojado en agua de
panela con leche.
A la edad de noventa y cinco años se acalló como un pollito que se duerme
y su piar se vuelve silencio.
Doña Mira se fue secando como un árbol al que se le niega el agua.
Palomita vivió tantos años que tanto ella como la muerte olvidaron su cita
y fue el azar el que se la llevó a la sombra, inesperadamente, casi sin que
nadie lo advirtiera.
Maruja no quiso irse sola y, después de unos pocos días, regresó por su viejo
para continuar con él en la muerte el largo camino que llevaban juntos en
la vida.
Eugenia se encontró con sus asesinos como quien buscando una cosa
encuentra otra que en el fondo era lo mismo.
Clara dejó la vida con la discreción que esta le impuso:
En la oscura habitación solitaria soñó que dormía para siempre
y era eso lo que le estaba sucediendo.
Elenita se fue muriendo muy despacio,
su existencia se fue haciendo delgada como su voz.
Judith se destrozó en un combate desigual contra el cáncer que,
empezando por su pecho, le fue devorando sus escasas carnes,
hasta llevarse también el ánimus,
el hálito que aun vencido seguía siendo rebelde.
Doña Elvia cerró los ojos muy temprano para no ser testigo

de los destinos aciagos de sus muchos hijos.
Anita Vallejo les enseñó a los niños el significado de la nobleza
y de la pulcritud de alma en un ser de corazón simple;
después se elevó como una columna de humo blanco
a la que nada detiene entre la tierra y el cielo.
Rosalina comprendió, a su modo, que por su vientre pasaría el turbulento
y espeso río de la vida,
hasta convertirlo en tránsito de todo mensaje humano, de toda condición.
Esperanza emigró hacia el norte como las aves que buscan la ilusión de un
lago en el deshielo,
pero sus alas no encontraron el alivio del regreso y sus cenizas se congelan
cada invierno.
Trinidad hizo de su vida el misterio que le dieron con el nombre,
e iluminó esta elegía con las llamas de las veladoras
que día tras día se encienden al Señor caído.

Lector que llegas a estas líneas, guarda silencio en nuestro nombre un instante no más,
y escucha, escucha la voz de las cenizas.

[20] Multiple Elegy

The Sacred Heart of Jesus went through the window pane
and announced to Mercedes that He had come for her.
Only then she accepted to accompany Him since only this image could
help her overcome the fear of entering the sweet death.
Poor Nubia received one blow after another:
her three children met up with death at an early stage,
in the form of a chain of violent and tragic events.
One would say that it was her plight of motherhood that pulled out her teeth, her beauty,
her health, and her existence…
Doña Sofia, who every two minutes would repeat her maxim:
"What, Lord, would life be without you?", also surrendered her soul,
the same way as one presents a song of praise, quiet and softly.
Doña Felipa died while eating *pandequeso*[1] soaked in *agua de panela* [2] with milk.
At the age of ninety-five, she hushed like a chick that falls asleep
and its pip becomes silence.
Doña Mira dried up like a tree to which water had been denied.
Palomita lived so many years that both she and
death forgot their appointment,
and it was fate that took her to the shadow,
unexpectedly, almost without anyone noticing.
Maruja did not want to leave on her own, so after a few days,
she came back to her old man
to continue, next to him in death, the long path they followed together in life.
Eugenia met up with her murderers as one who when looking for something
would find something else which deep down were the same.
Clara abandoned life with the discretion life itself had imposed on her.
In her dark lonely room, she dreamed she had to sleep forever,
and that is what was happening to her.
Elenita died at a slow pace;
her existence gradually became faint, as her voice.

---

1   Colombian-Style Cheese Bread.
2   Infusion of hardened sugarcane syrup.

Judith was devastated in an unbalanced battle against cancer which,
starting from her chest, devoured her scarce flesh,
to the point of also taking away the animus,
her spirit that even vanquished remained a rebel.
Doña Elvia closed her eyes very early to avoid witnessing
the tragic destinies of her many children.
Anita Vallejo taught her children the meaning of nobleness
and neatness of the soul in a simple-hearted being;
later she rose like a column of white smoke
that nothing can stop between sky and ground.
Rosalina understood in her own way that through her womb
would run the turbulent and thick river of life,
until it became the transit of every human message, of every condition.
Esperanza migrated towards the North, like the birds
that seek the illusion of a lake in the thaw,
but their wings cannot find the relief of returning, and
their ashes get frozen each winter.
Trinidad lived her life as the mystery she was given as a name,
and illuminated this elegy with the candle flames
that day after day burn for the fallen Lord.

You, reader, arriving at these lines, keep silent on our behalf for a mere moment only,
and listen, listen to the voice of the ashes.

UNA LEVE MIRADA SOBRE EL VALLE

~

A DELICATE GLANCE OVER THE VALLEY

(1977-1994)

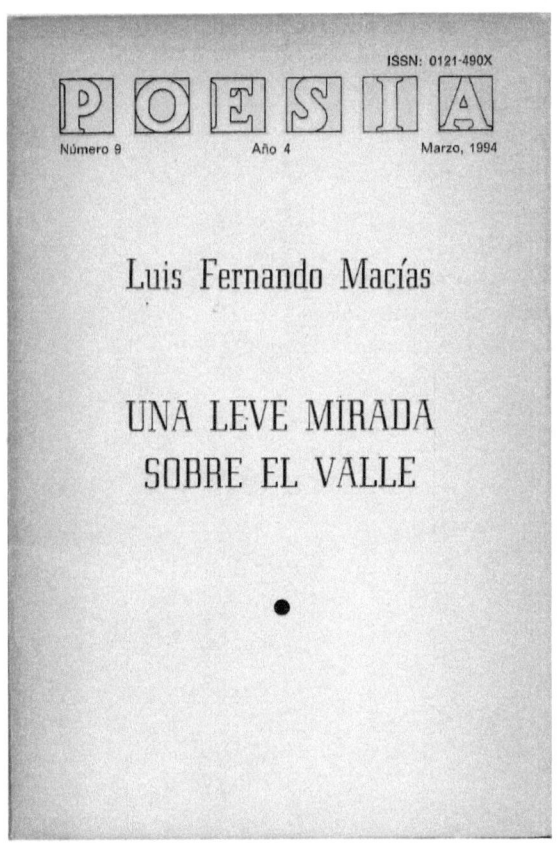

[21] Historia lejana

Mi hermano cree
que los antepasados nos visitan,
que unas sombras hermosas
brillan en la sala y en la cocina.

En verdad los espíritus
de los abuelos vagan por la casa.
Emergen de la mente de mi hermano
con un amor muy triste.

Él mismo
sentado en el sofá
fumando
es una historia lejana.

Esa historia
que nuestros padres no vivieron
frente a la mula del trapiche,
nacida del jugo de la caña.

[21] A Story of Long Ago

My brother believes
that our ancestors visit us,
that beautiful shadows
glow in the living-room and the kitchen.

In truth our grandparents' spirits
wander around the house.
They emerge from my brother's mind
with a morose love.

He, himself,
sitting on the couch,
smoking,
is a story of long ago.

That story
that our parents did not live
facing the mule of the mill,
a story grown out of the sugar cane juice.

[22] LA MUERTE DE MI ABUELA

El recuerdo más lejano es una noche fría.
Con su abrigo de lana
la mujer que nos llevaba de la mano
era mi madre.
Caía el llanto sobre los negros
vestidos de mis tías.
En la amplia habitación
lejos de mí
las vigas del alto techo emboñigado
parecían largos hilos donde pendían
los rayos de la opaca luz.
En la cama
iluminado apenas
un redondo rostro de ojos cerrados.
Sobre la sábana
el estirado cuerpo
dos largas trenzas de cabello blanco
ondulaban el amanecer ya quietas.
Alguien sollozando
guardaba el rostro en un pañuelo
mientras me decía:
murió su abuela.
Entonces comprendí que aquello era importante
y lloré para que mi madre me cargara,
pero aun en sus brazos tenía miedo.

[22] My Grandmother's Death

The most distant memory is a cold night.
In her woolen coat,
the woman who was taking us by the hand,
was my mother.
The tears fell over my aunts'
black dresses.
In the spacious room
far from me,
the beams of the high cow patted roof
looked like long threads from where
beams of dull light hanged.
In the bed
a rounded face with closed eyes
scarcely illuminated.
On the sheet
the stretched out body,
two long white hair braids
already still swirled the sunrise.
Someone sobbed
hiding the face in a handkerchief
and said to me:
your grandmother's dead.
Then I understood how important that was
and I cried so that my mother would hold me,
but even in her arms, I was scared.

[23] Una excursión de pescadores

Estabas en otro cuerpo y eras más niño
Los pantalones a medio muslo
El agua de la quebrada negra en las rodillas
Las manos firmes
apretando las dos puntas de un costal.
Tu amigo de tez morena al frente
igual que tú aferrado al mismo costal.
Sus ojos alegres en la sombra de los pomos
recogiendo pececitos de colores.
Recuerda
La quebrada pasaba por debajo de la calle
y a veces pasábamos con ella.
Arbustos tiernos crecían a su lado
y las pomas caían de muy alto
rosadas.
Ahora cuando pasas
por el mismo lugar indiferente
no recuerdes con nostalgia.
En la casa de la esquina viven otros niños.
Ellos también pescan en quebradas más lejanas.
Ahora cuando tu riachuelo se murió
Yo también soy otro.

[23] Fishermen's Expedition

You were in another body and you were younger,
Your trousers at mid-thigh
The water of the black stream up to your knees
Your hands firmly
tightening the two ends of a sack.
Your dark skinned friend in front
clinging to the same sack as you.
His joyful eyes under the shade of apple trees
picking up little coloured fish.
Remember
The stream flowed under the street
and sometimes we flowed with it.
Green bushes grew on its side
and the apples fell from high above,
rosy.
Now when you go past
the same place indifferently
do not remember with longing.
In the corner house live other children.
They also fish in distant streams.
Now that your stream is dead
I am also somebody else.

[24] Una mujer callada y un perro

Las palmas inclinadas por la brisa
no reverencian el mar,
construyen sus sombras
sobre los cocos caídos.
Un viento fresco contesta
el llamado de las olas coronadas
por el agua más blanca.
Y el mar es constante sobre la arena
borrando las pequeñas huellas
de los hombres de piel tersa y negra
que caminan recibiendo el sol.
Una columna de alcatraces
ceremoniosamente pasa con las alas extendidas
y en un columpio de guaduas
alguien con el cuerpo bañado en sal
sabe que se está olvidando de sí mismo.
Pero un instante de contemplación
como el amor olvidado de una madre muerta
aviva el vientre del mar junto a sus ojos.
Entonces levanta sus manos,
coloca las ropas sobre la arena
como asistiendo al rito de una religión sin existencia
y juega con la olas,
mientras muy cerca, en una cabaña mecida por el viento,
una mujer callada y un perro
esperan a un hombre.

[24] A Silent Woman and a Dog

The palm trees bent by the breeze
do not revere the sea,
they build their shades
over the fallen coconuts.
A cool wind replies
to the calling from the waves crowned
by the whitest water.
And the sea is constant on the sand,
erasing the little tracks
of men with smooth and black skin
that walk welcoming the sun.
A flock of gannets
ceremoniously flies with outstretched wings
and on a bamboo swing
someone with salt bathed body,
knows he is forgetting himself.
But an instant of contemplation
like the forgotten love of a dead mother
spurs the womb of the sea close to his eyes.
So he raises his hands,
arranges the clothes on the sand
as if attending the ritual of a nonexistent religion
and plays with the waves,
while nearby, in a hut rocked by the wind,
a silent woman and a dog
wait for a man.

[25] Escalando una montaña

Ayer en la mañana
cuando los pantalones
pequeños no cubrían mis rodillas
la cima era un punto
elevado en el horizonte.
Las manos eran una región de sueño
y en las líneas
aparecían arbustos de un ramaje verde
como un camino a la montaña.

Amigos éramos entonces
y pisando piedras como escalones
el mortiño coloreaba nuestras bocas.

Hoy al mediodía
la luz del sol es un traje blanco en la ciudad
y es un recuerdo
que la altura nos permite ver.

Todavía estamos coronando el cerro
y aparecen todavía
arroyos imprevistos.

[25] Climbing a Mountain

Yesterday morning
when the short trousers
did not cover my knees,
the peak was an elevated
spot on the horizon.
The hands were a dream zone
and in the lines
bushes with green foliage appeared
like a path to the mountain.

We were friends then,
stepping on rocks as on steps in a stair,
the berries colouring our mouths.

Today at noon,
the sunlight is a white garment on the city
and it is a memory
which the height allows us to see.

We are still crowning the hill
and creeks still appear
unexpectedly.

[26] Una cocina de campo

Sobre las cenizas
un tizón permanece rojo,
en las paredes
el rastro negro de hollín
igual que tu recuerdo

se acumula.

El piso de barro
natural
bajo mis pies.

Y muy cerca
en un estanque
se recoge agua
tranquila.

En cada rincón
de esta casa
mi alma
como un sueño
se dibuja inmóvil
y alegre.

[26] A Countryside Kitchen

An ember remains red
on the ashes,
the black soot smudge
on the walls,
like the memory of you,

accumulates.

The natural
mud floor
under my feet.

And very nearby
quiet water
is collecting
in a pond.

At every corner
of this house
my soul
like a dream
appears motionless
and lively.

[27] El primer momento

En el primer recodo
que es el lugar de donde vengo
sentada en una silla
estás lejana y tierna
esperándome
para iniciar el camino de la vida.

[27] The First Moment

In the first ambit
which is the place where I come from
distant and tender-hearted
you are sitting on a chair
awaiting me
to initiate the path of life.

[28] Voces

Un dolor somos.

En las tinieblas
entre peligros
por un sendero iluminado.

La tierra es voces que no se oyen.

[28] VOICES

An only pain we are.

In darkness
among perils
down a luminous trail.

Earth is unheard voices.

[29] ÉTICA

Salir de las tinieblas
y conservar la dignidad
en este instante de luz.

Entrar en las tinieblas
y que todo se haya resuelto
de un modo armónico y natural:

el ser en su esencia
en su tensa ambigüedad
el corazón.

[29] ETHICS

To exit darkness
and preserve dignity
in this instant of light.

To enter darkness
with everything solved
in a harmonious and natural way:

the self in its essence
in its tense ambiguity
the heart.

[30] Oscuro

Para el hombre todo está oculto

y en el oscuro pensar
un Dios envidioso merodea.

[30] Obscure

Everything is hidden from man

and in the obscurity of his thought,
an envious God prowls.

[31] Mientras un fuego

Soy tierra florecida en carne
carne que vuelve a la tierra
por un instante tengo rostro
y luz por un instante
para conocer tu rostro.
Mientras tus labios palpiten
mientras un fuego interior
los anime
déjalos que con su beso me alegren
y alegren tu corazón también mis besos
y seamos por un segundo
carne sobre carne
tierra que vive y muere.

[31] Meanwhile a Fire

I'm earth grown into flesh
flesh that returns to earth
I have a face for an instant
and for an instant I have light
to see your face.
While there is a pulse on your lips
while an inner flame
ignites them
let them cheer me up with their kiss
and also let my kisses brighten your heart
and let us be for a second
flesh on flesh
earth that lives and dies.

[32] Como una pluma

Como una pluma
que cae
sintiendo el aire
     y el viento
y sobre la tierra
          se vuelve tierra.

[32] LIKE A FEATHER

Like a falling
feather
that feels the air
    and the wind
and in the dust
        turns into dust.

[33] Para el canto

Para el canto al mundo venimos
para la danza fugaz.
Conocemos la sangre
que alimenta en las flores
                      su color
y a responder por un nombre nos enseñan.

En el amor somos
en el dolor nos construimos
en el sentido del ser nos elevamos
e iluminado el espíritu se hermana
se hace bueno
se alegra el mundo
con nuestra estancia pasajera.

Se van
el rostro y el nombre
y volvemos al silencio
al olvido.

[33] Born to sing

We have come into the world to sing a song
to dance an ephemeral dance.
We know the blood
that feeds colour
                      into the flowers
and we have learned to react to a name.

Our essence is love
we build ourselves out of pain
we rise to the consciousness of being
and the enlightened spirit fraternizes
and becomes good
the world rejoices
with our temporary stay.

The face and the name
go away
and we return to silence
and oblivion.

[34] Criatura débil

Nacido para amar
criatura débil
el hombre.
En odio y desesperanza
educado
tiene ojos para ver la luz.
Mas solo de paso vive.
Un instante en la ventana
la vida.
Silencio y olvido
lo demás.

[34] A Weak Creature

A weak creature
man
born for loving.
Brought up
in hate and despair
he has eyes to see the light.
But he lives only in transit.
An instant at the window
life.
Silence and oblivion
all the rest.

[35] Instante

El instante presente es todo el tiempo,
pero solo es
    el instante presente.

La conciencia del universo
es la conciencia total,
pero solo es
    nuestra conciencia.

Una pequeña sonrisa
    lo es todo para quien la contempla:
es el tiempo, el universo
            y la vida.

[35] An Instant

The present instant is the whole of time
but it is only
    the present instant.

Consciousness in the universe
is the whole of consciousness
but it is only
    our consciousness.

A small smile is everything
    to him who contemplates it
It is time, universe
             and life.

[36] ÁMBITO

El ámbito
que construye nuestro encuentro
está fuera del espacio
                y del tiempo.

Nada me asusta
y aun el miedo de morir
se torna en alegría.

[36] Realm

The realm
that our encounter creates
is out of space
               and out of time.

Nothing frightens me
and even the fear of death
becomes joy.

[37] A Villón respondo

Conozco la angustia del cobarde
que no pudo siquiera afrontar la luz,
pero conozco el valor del hombre
que firma sus actos con la vida misma.

Conozco la ira del impotente
cuyas lágrimas refrescan el cuerpo de la amada,
pero conozco el destello del amante
que como un astro fugaz atraviesa el cosmos.

Conozco el amor de la madre
que nada lo tuerce,
conozco el amor de la hembra
que se va tan fácil detrás de un suspiro,
conozco el amor de la hija
que pregunta y juzga y exige,
pero conozco el odio
que daña y mata y devasta.

Conozco al padre
que protege y enseña y se va,
pero conozco al hijo
que cuestiona y comprende y espera.

Conozco el llanto que humedece el alma,
pero conozco la risa
que en el cuerpo baila.

Conozco la muerte
que con todo acaba,
pero conozco la vida
que se yergue y canta.

En resumen
lo conozco todo,
pero tampoco
a mí mismo.

[37] To Villon I Respond

I know the anguish of the coward
who could not even face the light,
but I know the courage of the man
who signs the name of life itself to his acts.

I know the rage of the impotent
whose tears cool the body of his beloved one
but I know the gleam of the lover
that runs through the cosmos like a shooting star.

I know the love of a mother
which is bent by nothing,
I know the love of a female
which easily goes away after a sigh,
I know the love of a daughter
which inquires and judges and demands
but I know the hate
that harms and kills and devastates.

I know the father
who protects and teaches and leaves,
but I know the son
who questions, and understands, and waits.

I know the crying that dampens the soul,
but I know the laughter
that dances in the body

I know death
which puts an end to everything,
but I know life
which rises and sings.

To sum up
I know it all,
but I know
myself neither.

[38] Ya no soy

Ya no soy un niño feliz
pescando vientres de arco iris y plata
bajo los pomos,
ya no soy un muchacho desolado
asomándome al baño
de la casa vecina.

No volveré a descubrir
el amor de una mujer
una tarde de lluvia en un granero,
ni volveré a ver una lágrima en tu rostro
mientras te llevan en la camilla de partos.
Ya no soy los hombres que fui,
que la vida preparó para quererte.

[38] I am not anymore

I am not a happy child anymore
fishing wombs of rainbow and silver
under the apple trees,
I am not a devastated boy anymore
peeking into the bathroom
of the adjacent house.

I will never again discover
a woman's love
in a stable, on a rainy afternoon,
nor will I ever see a tear on your face
while you are being carried on the labour gurney.
I am not the men I was anymore,
those who life prepared for loving you.

[39] Mi alma

Descendió con Dante hasta el infierno
y no se conmovió frente al dolor ni al fuego,
con Odiseo sintió las frías moradas
sin pavor ante las sombras en pena,
viajó hasta el reino de la soledad
y no quiso dar la cara.

Mi alma muy altiva en la alegría
pide compasión ahora,
pero se la negaré:

Aquí, en mi cuerpo,
esperaré que cruce el torrente por sus medios,
y cuando haya sufrido,
cuando sea humilde,
caminaré con ella como si nada,
como si hubiera una fiesta.

[39] My Soul

Descending into hell with Dante
it remained unmoved by pain or fire,
it explored the cold abodes with Odysseus
without a dread of the lost souls,
it travelled to the reign of solitude
and it did not want to face the consequences.

My soul so arrogant in joy
asks for compassion now,
but I'll deny it:

Here, in my body,
I'll wait until it crosses the torrent on its own,
and when suffering
has made it humble,
I'll walk close to it as if nothing had happened,
like there was a party.

[40] Consigna

Que haya valor en mi espíritu
para comprender y afrontar
el signo que me fue dado,
que mi mente y mi decisión
lo interpreten y lo lleven a cabo
de un modo que a los hombres sea grato
y a los espíritus esclarecedor.
¿Qué hay de todos en la verdad del individuo?
No es nada el individuo transitorio,
la vida y la muerte son lo perdurable,
olvido somos los hombres
y entramos en la vida,
entramos en la muerte.

[40] INSTRUCTION

Let there be courage in my spirit
to understand and confront
the sign that was given to me.
Let my mind and my determination
interpret it and accomplish it
in a way that it may be pleasant to men
and enlightening to all spirits.
What is everyone's share in the individual truth?
The transitory individual is nothing,
only life and death prevail,
oblivion is what we are
and we come into life,
we come into death.

[41] De nuevo en la luz

Como el muchacho que al asumir el camino
inocente en la primera encrucijada
abre la puerta falsa,
toma el sendero que desciende,
y en cada peldaño
un nuevo error lo hunde,
otra pregunta lo sacude sin respuesta
(no hay respuesta, el poema es solo
la pregunta)
y en vano lucha por alcanzar la esfera superior
porque su ser mismo desconoce,
mezcla de desesperanza y optimismo ingenuo,
obstinada insistencia en la buena fe
que no lo salva de llegar al fondo
donde la humillación lo purifica,
lo hace humilde,
su corazón vuelve verdadero
hasta enseñarle que en el límite del dolor,
en el extremo oscuro empieza a clarear y
de nuevo en la luz
el alma ya se ha hecho sabia:
está lista para el amor.

[41] Again in the Light

Like the boy who taking the path
innocently at the first crossroads
opens the false door,
takes the descending trail,
and at every step
he sinks with every new mistake
another answerless question shakes him
(there is no answer, the poem is only
the question)
and in vain he struggles to reach the higher sphere
because he does not know his own self,
a mix between despair and naive optimism,
an obstinate insistence on good faith
which does not prevent him from hitting rock bottom
where humiliation purifies him,
makes him humble,
his heart becomes real
and it teaches him that in the edge of pain,
in the darkest end, it grows light
and again in the light
the soul has become wise:
it is ready for love.

[42] Canto azul

Un vago español haciéndose a la mar
recuerdo:
Ha decidido arrancarse de su tierra.
La ama tanto que ya no pertenece a ella
sino a la india del bosque de yarumos,
vientre que del conquistador
hace un mestizo
y en el mestizo
un río de sangre espesa
y odio y amor...
Amor y odio y tropas
en combate mi memoria:
mi sangre contra mi sangre.
En ese aventurero,
emisario de canto azul,
había nacido ya este amor
como en el primer cruce de nuestras miradas
estaba ya el hijo
que ahora nos hace tres,
que buscó en tu vientre
un camino para el mundo,
como si, de nuevo,
quisiera hacerse a la mar;
pero antes de llegar al mundo
ya se había ido
y ahora somos dos,
en él somos uno:
ni india ni conquistador,
canto azul de pájaro
en un bosque de yarumos.

[42] Blue Song

A Spanish wanderer putting out to sea
I remember:
He has decided to uproot himself from his land.
He loves it so much that he no longer belongs to it
but to the indigenous woman of the *yarumo*[3] grove,
the womb that makes a mestizo
out of the conqueror
and within the mestizo
a river of thick blood
and hate and love…
Love and hate and troops
my memory in battle
my blood against my blood.
Within that adventurer,
ambassador of the blue song,
this love was already growing
as in our first glances
was the son,
who now makes us three,
he found a path to the world,
in your womb
as if, once again,
he wanted to put to sea,
but before arriving to the world
he was already gone
and now we are the two of us,
in him we are one:
neither indigenous nor conquistador
the blue song of a bird
in a *yarumo* grove.

---

3 *Cecropia peltata*

[43] TRÁNSITO

Los tiempos iluminados
que vivimos
serán vagos
cuando los tiempos hoy oscuros
se iluminen.
Los seres hoy oscuros
que circulan en los ríos de los cuerpos
serán cuerpos
cuando sus tiempos hoy oscuros
se iluminen
y sin luz ni cuerpo
en sus mentes seamos un recuerdo vago,
oscuro.

[43] Transit

The enlightened times
we live in
will be vague
when the present dark times
become enlightened.
Today's dark beings
in transit along the rivers of the bodies
will be bodies
when their present dark times
become enlightened
and we, with no light or body,
become a vague, dim memory
in their minds.

LA LÍNEA DEL TIEMPO

~

TIMELINE

(1994-1997)

[44] Memoria del pez

El canto de los peces es inaudible

El velo de las aletas en el agua
es también una visión de danza
y música del silencio

Dame de nuevo la memoria del pez

Fui pez en un río de sangres
y subí hasta el útero
en busca del huevo que me hizo hombre

Dame la luz de ese recuerdo
para ser inquebrantable como un pez

Si en mi primera instancia en la tierra
fui un pequeño pez
devuélveme esa memoria
para volver a ser un callado brillo

¿No son los astros
peces
en su mar de espacio y tiempo?

[44] The Memory of the Fish

The song of fish is inaudible

The veil of the fins under the water
is also a dance vision
and the music of silence

Give me once again the memory of the fish

I was a fish in a river of blood
and I swam up to the womb
in search of the egg that made me a man

Give me back the light of that memory
to become unbreakable like a fish

If during my first time on Earth
I was a little fish
give me back that memory
so that I can be a quiet sparkle again

Are not the stars
fish
in their sea of space and time?

[45] El mismo ayer

En verdad somos lo desconocido

Mas lo desconocido es lo heredado
               de los que fueron antes

En el cruce de dos destinos
               apocados ya
está la clave de este
que nos hace uno ante la vida

Es igual la encrucijada del ayer
               a la del hoy

La del mañana es otra y es la misma
                   encrucijada

Tú y los demás y yo
somos el mismo ayer
la misma gracia de lo divino
en lo humano
la misma presencia de lo que fue
en lo que es.

[45] THE SAME YESTERDAY

In truth we are the unknown

But the unknown is what is inherited
        from those who were before us

At the crossing of two destinies
        which are dispirited already
is the clue to this one
which makes us one in the face of life

Yesterday's crossroads is the same
                as that of today

Tomorrow's crossroads is another one
                and the same.

You and the rest and I
we are the same yesterday
the same grace of the divine
in humanity
the same presence of that which was
in this which is.

[46] Historias de amor

El río abajo sucio
    arteria de la podredumbre

la avenida entonces
    de humo y ruido también río

y hacia el norte en el cañón del valle
                        las moradas

las montañas hacia el occidente
    de casas ya tupidas en sus faldas
y en los ranchos el reino del dolor

donde al dolor con más dolor se apoca
al hambre con hambre se alimenta
y al crimen solo el crimen hace leve

Desde el norte viene el viento
peina su soplo los tejados suavemente
recorre las calles copiosas
y envuelve los cuerpos
            que son historias de amor
campos de batalla para los instintos.

[46] Love Stories

The muddy bottomed river
    artery of putrescence

so the avenue
    of smoke and noise is also a river

and in the north in the canyon of the valley
                            the abodes

the mountains in the west
    with the slopes densely covered with houses
and inside the huts the reign of pain

where the pain is belittled with more pain
the hunger is fed with hunger
and a crime becomes minor with a new crime

It is from the North that the wind blows
it brushes the rooftops delicately
wanders through the busy streets
and surrounds the bodies
           a love story each
each a battlefield for the instincts.

[47] Cántiga de la aceptación

Los que se fueron están en mí
    como la mano alta, el ojo sabio.
Y no soy más que un hijo de la tierra,
        débil pétalo de carne.

Guardo el recuerdo del próximo eslabón
        que me fue tan breve.

Aspiro al eslabón siguiente
    y en cantos he invocado su presencia.

Si no basta la palabra,
    si es precario el poder de la palabra
    y la memoria del pez no alcanza,
dale a mi espíritu la fuerza
    del que se yergue sobre sí,
del que se sobrepone y alcanza dignidad.
Dame gracia para ser mejor que mi raíz,
        sin cortar esa raíz.

Si es el tiempo del amor,
    danos también el fruto del amor,
    la voluntad serena de la comprensión.

[47] Ballad of Acceptance

Those who are gone remain in me
    as the raised hand, the wise eye
And I'm nothing but a son of the earth,
        a delicate petal of flesh.

I hold the memory of the next link
        which was so brief to me

I aspire to the next link
    and I have summoned it in chants

If words are not enough,
    if the power of words is unreliable
    and the memory of the fish will not suffice
give to my spirit the strength
    of those who rise above themselves
of those who overcome and attain dignity.
Give me the grace to be better than my roots,
        without cutting those roots.

If it is time to love,
    give us the fruit of love too,
    the quiet willingness to understand.

[48] La noche del tiempo

No estabas en el mundo
para ver los hechos
que ahora son la noche:

un dragón manso y feroz
a quien traías dormido.

Ese era tu gracioso equipaje,
tu memoria del mundo,
tu pozo de todos los dolores,
tu fuente del verdadero amor.

[48] The Sunset of Time

You were not in this world
to witness the facts
that now are the night:

a docile and ferocious dragon
that you were carrying asleep.

That was your funny baggage,
your memory of the world,
your well of all pains
your source of true love.

[49] El tiempo de Aristóteles

Tampoco la sucesión de las cosas
es el tiempo,
ni su simultaneidad
el instante.

En la gestación está el comienzo
de la muerte,
y el saludo es evidencia
de la despedida.

No fue tuyo el hombre que engendró tus hijos,
ni es de otra cuando se hace inalcanzable.
El campo en torno tuyo arde,
rendido a tus pies el pasto crece.

Es solo vacío lo que ya no es;
ausencia, lo que no puede ser...

Tu cuerpo tiembla
como la corola madura,
brillan tus ojos
como aire de primavera
y en tu vientre
anida el paraíso.

[49] Aristotle's Time

Neither the succession of things
is time itself,
nor their simultaneity,
the instant.

Gestation is the beginning
of death,
and a welcome is a token
of farewell.

The man was not yours who begot your children,
nor is he anybody else's when he is out of reach.
The land surrounding you burns,
surrendered at your feet, the grass grows.

That which is no longer is only emptiness;
absence, that which cannot be...

Your body shivers
like a ripe corolla,
your eyes shine
like spring air
and in your womb
is the nest of paradise.

[50] No es verdad el tiempo

El tiempo no es verdad,
millones de años o segundos son el mismo instante,
memoria y fantasía son sinónimos,
la única verdad es el olvido.

Una y otra vez hemos inventado el mundo,
espejo de aguas,
aguas del alma

y cada alma es todas las aguas,
todas las almas.

Una es lo que son todas:
sueño sucesivo,
reflejo frágil,
leve imagen una y otra vez
borrada.

[50] Time is not Real

Time is not real
millions of years or seconds are the same instant,
memory and fantasy are synonyms,
oblivion is the only truth.

We invent the world over and over again
mirror of waters,
waters of the soul.

and every soul is all the waters,
all the souls.

One and all are the same:
successive dream,
fragile reflection,
frail image, erased
over and over again.

LOS CANTOS DE ISABEL

~

ISABEL'S SONGS

(1977-2000)

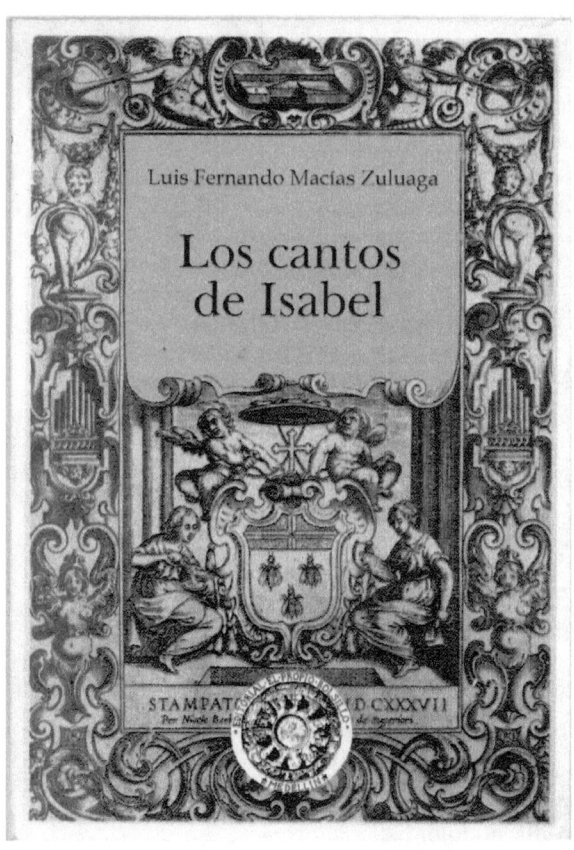

[51] El maestro de literatura

El maestro de literatura es ahora
un hombre cuyo dolor de alma asume
la apariencia de un dolor en las rodillas.

Este dolor empezó
hace más de cuarenta años
cuando todavía era un niño de ocho
y se abandonó a la lectura de Julio Verne,
de Charles Dickens, de Víctor Hugo,
de Alejandro Dumas...

En un principio se manifestó en la forma
de una serie de largas obras de teatro
y novelas inconclusas
en una adolescencia solitaria.

Después fue una sucesión de amores furtivos
que terminaban a un paso del abismo existencial,
pero eran cada vez nuevos como niños
y limpios como el agua de los páramos.

También llegó al reinado de las clases de literatura,
donde tenía la apariencia de un torrente
de palabras y asociaciones
en el trono de una memoria prodigiosa.

En ese reinado, sus discípulos lo veíamos
frágil como un personaje de Dickens
o terrible como uno de Dostoievski
o hermoso como un héroe romántico de Pushkin,
pero nunca mezquino
como los emperadores de Robert Graves.

Muchas veces lo arrastró la gravedad de los abismos
y, desde allí, su dolor halló la forma
del poema puro, único,
como el único maestro de literatura
que nos ha dado la ciudad en muchos años.

[51] The Teacher of Literature

The teacher of literature is now
a man whose tormented soul adopts
the appearance of sore knees.

This pain started
more than forty years ago
when he was still an eight-year-old child
and he turned to reading Jules Verne,
Charles Dickens, Victor Hugo, Alexandre Dumas...

At first, it manifested itself
in the form of a series of long theater plays
and unfinished novels
during a lonely adolescence.

Then came a succession of furtive love affairs
that ended up one step away from the existential abyss,
but each was yet so different, as children are,
and clean as the water from the moors.

Then came the reign of the literature lectures,
where it had the appearance of a torrent
of words and associations
on the throne of a prodigious memory.

In that reign, we, his disciples, saw him
fragile as one of Dickens' characters
or terrible as one of Dostoyevsky's
or beautiful as one of Pushkin's romantic heroes
but never mean
as Robert Graves' emperors.

He was many times dragged down by the gravity of the abyss
and, since then, his pain found the shape
of pure poetry, unique,
as the only teacher of literature
the city has given us in many years.

[52] Reptil

Dejé una piel
en la cámara de partos,
en cada verso
dejé una piel.

De la carne al verbo
es tan solo un duelo el tránsito.

No es un pájaro de canto fino
el poeta,
es más bien el reptil
crudo ya
en la desnudez de su vocablo.

[52] Reptile

I shed a skin
in the labour room
in every verse
I shed a skin

The transit from the flesh to the verb
is only mourning

He is not a bird of fine call
the poet,
he is rather a reptile
brutal already
in the nakedness of his word.

[53] Presente

De niño imaginé
que llegaría un instante de plenitud,
una tarde cualquiera
el viento ligero del norte
golpearía mi rostro con su mano
                           más tranquila.

Ese instante ha llegado
y tiene ahora la imagen de
                           tu rostro en mi mente.

La pregunta sigue
y el dolor de ser continúa,
pero el viento canta plácido
                           en mi rostro.

Nada me adeuda la vida.

[53] Present

As a child I imagined
I would attain an instant of completeness,
in any given day
the gentle wind from the North
would hit my face with its calmest
                              hand.

That instant has arrived
and it holds the image of
                    your face in my mind.

The question remains
and the pain of being continues,
but the wind sings placidly
                    on my face.

Life owes me nothing.

[54] RONDA

    1
El obstinado cuerpo pide
labios para su sed
piel para su piel.

Rendido, el pobre pez exige
los lazos duros de la red
prisión para su ser.

    2
Red de piel
prisión del ser.

    3
¡El vuelo de la luz,
la sombra del encierro!

Volar, volar dejando el cuerpo,
ser leve ala de aire en el azul.

    4
Y no ser vuelo…

Tierra de la tierra
soy, y esa es mi pena:

certera condición del juego.

[54] Round Dance

   1
Obstinately the body requests
lips for its thirst
skin for its skin.

Exhausted, the poor fish demands
the strong threads of the net
a prison for its being.

   2
The skin, a net,
a prison for the being.

   3
The flight of light,
the shadow of seclusion!

To fly, to fly leaving the body,
to be a delicate wing of air in the blue.

   4
And not to be flight...

Earth from the earth
am I, and that's my woe:

the unmistakable condition of the game.

[55] Dos llamados

Soy la parte tuya
que quiere corregirse,
se pule y se duele
del obstinado llamado interior.

Soy también tu petición
de alas, tu búsqueda en
los vapores innombrados.
Y no soy vuelo…
el olor de la tierra
me sujeta.

[55] Two Callings

I am the part of you
that wants to mend its ways,
it improves itself and it is pained
by the obstinate inner calling.

I am also your request
for wings, your quest through
the unnamed vapors.
And I am not flight...
the smell of the soil
keeps me down.

[56] Dos hombres

Se preguntó
qué dios detrás de Dios
rige el destino de las piezas,
elevó su acción de gracias
por el pan y la sal.
Encerrado en la biblioteca
de su padre,
cifró la milonga de los cuchillos
que, de los duelos de la cruda sangre,
pasaron a la leyenda oral
y al mito.
Oyó la jerga
de los compadritos
en la esquina rosada
de su gran ciudad.
En el juego de los laberintos,
y de las paradojas,
se forjó el poeta más célebre
de su tiempo.
Vio en el tigre
al Tigre
y al otro tigre
que en sus versos era oro.
Dijo de la mosca
sobre la carne quieta
del hombre de la cruz y
en su sufrimiento
inquirió El Sufrimiento
y su pequeño
sufrimiento.

[56] Two Men

He wondered
what god behind God
rules the destiny of the parts,
he said his prayer of thanksgiving
for the bread and the salt.
Secluding himself in his father's
library,
he encrypted the *milonga*[4] of the knives
that passed from the duels of the primitive blood
onto the oral legends
and onto the myth.
He heard the jargon
of the braggarts
at the pink corner
of their great city.
The greatest poet
of his time
was nourished
in the games of mazes,
and paradoxes.
He saw the Tiger
in a tiger
and the other tiger
that was gold in his verses.
He spoke of the fly
on the motionless flesh
of the man on the cross and
in his suffering
he inquired into The Suffering
and the small
suffering of his own.

---

4   An Argentinian type of song, music and dance.

[57] INSCRIPCIÓN

No nació en la ciudad
pero ha pasado sus años
contemplando las sombras
de los árboles contra los muros blancos,
el gorjeo de los pájaros en las copas,
las llamas del guayacán amarillo,
la línea quebrada de las montañas a lo lejos
o las montañas de laderas mondas
bajo su paso de caminante.
Se ha detenido a contemplar las palomas
en el parque
y sus ojos han llegado
hasta el punto de sangre en el suelo
que es el pichón no nato
del huevo quebrado.
Ha cantado a la visión amarga
de los borrachos en el amanecer
y a los dioses olvidados en la algarabía
de los vendedores de fruta
en el carnaval
del corazón pagano
de los sobrevivientes.
Sus versos represan el asombro,
el agua de los verbos,
y sopesan cada vocablo
hasta dejarlo redondo
como la materia elemental,
pero ágil y certero
como la flecha lógica.
Suelen los pequeños poetas
pretender que en sus versos crezca
el renuevo de hierba
como él lo hace crecer en sus poemas,
pero no lo consiguen.
Entonces lo buscan
para que con sus frases pacientes,
secas,
ilumine las contracarátulas
de sus libros anónimos.

[57] Inscription

He was not born in the city
but he has spent his years
contemplating the shadows
of the trees against the white walls
the tweeting of birds in the tree crowns,
the flames of the yellow guayacan tree
the broken line of mountains in the distance
or the hills of bare slopes
beneath his walker's tread.
He has stopped by to contemplate the doves
at the park
and his eyes have reached
the spot of blood on the ground
which is the unborn squab
from the broken egg.
He has sung to the bitter image
of drunkards at dawn
and to the gods forgotten in the racket
of fruit vendors
at the carnival
of the pagan heart
of the survivors.
His verses dam up the amazement,
the water of the verbs,
and weigh up every word
until it is completely round
like the fundamental matter,
though agile and precise
like the logical arrow.
Small poets often expect
young shoots of grass
to grow in their verses
as he makes them grow in his poems,
but they fail to do it.
Hence they turn to him
to have the back covers
of their anonymous books
illumined with his patient and
dry phrases.

[58] Grabado

Su vida es una fábula camino del espíritu:
un oso en su paz de invernadero,
un animal olvidado,
el animal que ríe
y busca en el recinto interior,
dentro de sí busca o en libros,
en las pantallas;
como actor que muda de personaje
y encuentra trozos de su ser en Grecia,
en la llanura de La Mancha,
en las fantasías de Borges o Cortázar,
en los viajes de Simbad o Beremundo
o del indio iniciado en la selva del símbolo,
en el rostro de María Félix o en su mirada
como un rayo de hielo y fuego.

Su vida es la fábula de un hombre
que ensaya modos de tejer sus alas,
buscándose en los tonos del poema,
puliendo las palabras
hasta convertirlas en algodón de oro,
espejo de su alma limpia;
pero ¡ay!, tan esquivo el verdadero ser
en el vapor del verso
en el aliento rítmico de la poesía...
En verdad no sabe quién es: oso o basilisco,
dádiva, sombra emplumada
o triste actriz de la pantalla...

¿En dónde, en dónde está su ser verdadero,
si todo es canto de sirenas,
ilusión de la plancha en el papel?

[58] Print

His life is a fable on the path to the spirit:
a bear in his hothouse peace,
a forgotten animal,
the animal that laughs
and looks in the inner place,
he looks within himself or in books,
in the screens;
like the actor who sheds characters
and finds pieces of himself in Greece,
in the plain of La Mancha,
in the fantasies of Borges or Cortázar,
in the travels of Sinbad or Beremundo
or of the peasant initiated in the jungle of symbols,
in the face of María Félix, in her look
as a beam of ice and fire.

His life is the fable of a man
who rehearses ways to knit his wings,
seeking himself in the tones of the poem,
polishing the words
until they turn into gold cotton,
a mirror to his clean soul;
but oh! how elusive the true self is
in the mist of the verse
in the rhythmic breath of poetry...
In truth, he does not know who he is: a bear or a basilisk,
an offering, a feathered shadow,
or a sad cinema actress ...

Where, where is his real self,
if all is siren song,
an illusion of the press on paper?

[59] Petición

La poesía
se eclipsa para quien
no tiene ojos
y en el alma solo hay ojos
por un instante
para el poema.
Dame
la palabra,
la llave que,
más allá de la entraña
y del cuerpo,
abra puertas y ventanas,
tienda un hilo
entre los astros.

[59] Request

Poetry
vanishes before him
who has no eyes
and there are eyes in the soul
for the poem
only for an instant.
Give me
the word,
the key that,
beyond the entrails
and the body,
would open doors and windows,
spread a thread out
between the stars.

CANTAR DEL RETORNO

~

SONG OF RETURN

(2001-2002)

[60] Regreso

Es mediodía.

En el aeropuerto
las gentes pasan detrás del vidrio
del adiós...

Arriba, espera
la región
del silencio blanco.

Llevo el paraíso
conmigo,

dentro de mí
también estoy dentro de ti.

[60] Return

It's midday.

At the airport
all the people pass behind
the farewell glass...

Above, the region
of the white silence
waits.

I carry paradise
with me,

within me
I am also within you.

[61] Invocación del retorno

Como la soledad sabe allegarse
al lugar más escondido,
el dolor buscó un rincón secreto
para enquistarse.

Afligimos del cervatillo su sangre inocente,
el temblor de la serena luz.
Pedíamos la paz sencilla del que aprende
a perdonar.

No era el dolor, era su memoria.
La herida de la vida vuelve a sanar
en la compañía de una frase amable,

un callado brillo decide en el ojo
la mirada limpia.

[61] Invocation for the Return

Like loneliness, which knows how to come close
to the most hidden place,
pain sought a secret corner
to lodge.

We upset the innocent blood of the fawn,
the tremor of the soft light.
We requested the simple peace of the one who learns
to forgive.

It was not the pain, it was the memory of it
The wound of life heals over
in the company of a lovely phrase,

a silent sparkle in the eye determines
an honest glance.

[62] PÉNDULO

Tanto ha ido
que solo el regreso
conserva.

Se retorna
a aquello que se deja,
verdad vuelve a ser la mentira
y en el odio es el amor lo buscado,
así como el descenso empieza
en la mayor altura.

Busco dentro de ti
el centro de la tierra,
el olvido del dolor
que es la alegría.

Uno son
el origen y el silencio,
y la condición del hombre
es el retorno.

[62] Pendulum

From going so many times
only the return
is preserved.

We return
to what we abandoned,
the truth turns into a lie again
and within hate we pursue love,
just as the descent starts
at the highest altitude.

I seek the centre of the Earth
within you,
the joy
which is pain cast into oblivion.

Origin and silence
are one,
and returning
is man's condition.

[63] El ausente

Mi hermano ya no es
conciencia del mundo,
ha vuelto a ser el todo,
la nada que es el todo,
las serenas tinieblas,

la ausencia absoluta.

La única opción del ausente
es el recuerdo,
el regreso del instante.

Su risa
ya no tiene formas:
es memoria de un brillo,
de un gárrulo sonido.

El ausente ya no puede irse,
permanece anclado
en el eterno retorno...

a menudo
su risa vuelve
a sonar en el silencio.

[63] The Missing One

My brother is no longer
a conscience in the world,
he is gone back to wholeness,
to the nothingness of the whole,
to serene darkness,

the absolute absence.

The only choice of the missing one
is memory,
the return of the instant.

His laugh
does no longer vary in shape:
it is the memory of a gleam,
a garrulous sound.

The missing one can no longer go away,
he stays anchored
in eternal return…

often
his laughter resounds
in the silence.

[64] El derrotado

En el dibujo
la calle se aleja
hasta volverse un punto;
en la derrota
el yo se torna pequeño y frágil
como el corazón de un pájaro.

Engreído el triunfador,
el perdedor, solidario...

Uno camina en las tinieblas,
el otro advierte el ritmo universal.

Usurpa el ciego,
otorga el advertido...

Perder es el don verdadero,
y la muerte, el triunfo de la vida.

[64] The Defeated One

In the drawing
the street becomes
a dot in the distance;
in defeat
the self becomes as small and fragile
as the heart of a bird

the triumphant, conceited;
the loser, sympathetic…

One walks in darkness,
the other becomes aware of the universal rhythm.

The blind one usurps
the aware one consents…

Losing is the real gift,
and death, the triumph of life.

[65] Retorno

Abandonarse a la inocencia es el modo
de volver al paraíso.

En el otro extremo, la conciencia es el látigo
que nos pone al tanto de nosotros,
así asumimos el dolor.

En la morada del mundo,
mientras la esfera gira
en un viaje de retorno por el péndulo
gastamos nuestros días.

Hacia la conciencia vienen los expulsados
de la inocencia,
péndulo y reloj de arena son imagen
de la misma Nada
y arena de reloj somos los hombres,
viajeros del vacío...

[65] Return

To surrender oneself to innocence is the way
of returning to paradise.

At the opposite end, conscience is the whip
that makes us self-aware,
thus we embrace pain.

We spend our days
in the worldly abode
while the sphere turns round
in a journey of return through the pendulum swing.

Toward consciousness there come the exiled
from innocence,
the pendulum and the hourglass are images
of Nothingness itself
and men are hourglass sand,
travelers of the void…

[66] Geometrías

No es posible contemplar el universo,
hay que soñarlo adentro.

En el pequeño infinito interior,
la armonía de las esferas,
esa danza del silencio,
es la misma nada que el mañana y el ayer.

Lo único real es el instante que se pierde,
el recuerdo es otro modo de olvidar
así como el punto, el planeta, la galaxia...
no son más que espejo ilusorio del afuera.

Imposible contemplar
el universo verdadero,
como todo invento de la mente
no es más que proyección
del alma que lo sueña;
nosotros somos ese invento de nosotros,
esa esforzada ilusión,
esa mentira dulce
que nos hace tan pequeños.

[66] Geometries

It is impossible to contemplate the universe,
except in an inward dream.

In the small inward infinite,
the harmony of the spheres,
the dance of silence,
is the same nothingness as tomorrow and yesterday.

The only real thing is the instant lost;
remembering is another way of forgetting
just as the spot, the planet, the galaxy…
they are nothing but the illusory reflection of the outside.

It is impossible to contemplate
the actual universe,
like every invention of the mind
it is nothing but a projection
of the dreaming self;
we ourselves are that invention of ours,
that brave illusion,
that sweet lie
which makes us so small.

[67] El gran viaje

Con los ojos abiertos o cerrados
en menos de un segundo
voy de la nada al infinito.

Nada e infinito
no son más que dos extremos
de una misma idea.

En el lapso
de un impulso eléctrico
retorno del infinito a la nada,
sin mover un solo dedo.

Pongo mi ínfimo cuerpo
en el borde de la explosión,
mientras me asomo al vacío
donde no veo nada,
pero alcanzo la mayor velocidad.

Nada hay que no suceda adentro,
en las órbitas del átomo:

protones, electrones, neutrones...
unos girando en torno a otros,
unos en pos de otros,
repiten la danza del silencio.

Y mientras tanto no sucede nada,
no hay mayor explosión que la del núcleo,
ni mayor viaje que el reposo.

Abrir los ojos y cerrarlos de nuevo,
he ahí el gran viaje.

[67] The Great Journey

With eyes opened or closed
in less than a second
I go from nothingness to infinity.

Nothingness and Infinity
are but the two ends
of the same idea.

In the time lapse
between two electric pulses
I return from infinity to nothingness,
without lifting a finger.

I put my minuscule body
on the border of the explosion,
while I lean out over the void
where I can see nothing,
but I reach the highest speed.

There is nothing which does not happen inside,
in the orbits of the atom:

protons, electrons, neutrons…
some revolving around others,
some after others,
they repeat the dance of silence.

And meanwhile, nothing happens,
there is no bigger explosion than that of the core,
nor greater journey than repose.

To open our eyes and close them,
that is the great journey.

[68] La imagen del mundo

Llamamos universo a la totalidad
de lo existente,
pero jamás logramos una idea real
del universo.

Nuestra noción expresa el límite
de la conciencia.

Llamamos mundo a la totalidad
de los sucesos,
suma de los hechos posibles y ocurridos,
pero la conciencia solo alcanza
una imagen del mundo,
un sueño colectivo.
En el límite de la conciencia
nace el sentimiento.

Ante una criatura asombrada
frente a la montaña blanca
o en mitad de la noche
invocando compañía,
no hay noción de universo
ni imagen del mundo,

¿qué puede haber entonces
en el aire de tu risa?

[68] The Image of the World

We call the totality of existing things
the universe,
but we never have an accurate idea
of the universe.

Our notion reveals the limit
of consciousness.

We call the totality of phenomena
the world,
the aggregation of possible and occurred events,
but consciousness only apprehends
an image of the world,
a collective dream.
Beyond the limits of consciousness
is the realm of feelings.

In the presence of a creature who is amazed
at the white mountain
or appealing for company
in the middle of the night,
there is no notion of the universe
nor an image of the world,

then what may there be
in the lilt of your laugh?

[69] La unidad

La conciencia abre el interior del mundo,
pero más adentro es mayor el contenido,
incierto hasta constituir el todo.

El interior lejano,
tan lejos de nosotros
como la galaxia más apartada de la tierra.

Donde el centro coincide con el borde
y somos uno y otro
perdidos en el tiempo de la vida.

Cada individuo es la síntesis del todo;
cada segundo, la totalidad del tiempo;
toda existencia es la vida
y cada muerte, la muerte.

La eternidad no se interrumpe con la vida,
pero tampoco con la muerte,
así como el espacio es permeable a la unidad.

La noción del mundo es una imagen,
una proyección en la sustancia individual:
es tan lejos el adentro como el afuera,
tan apartado el tiempo ido como el venidero.

[69] The Unit

Consciousness opens the inside of the world,
but deeper inside, the content is larger;
uncertain until it integrates the whole.

The interior, distant,
so distant from us
as the farthest galaxy from Earth.

Where the core coincides with the edge
and we are one and somebody else
lost in the time of life.

Every individual is the synthesis of wholeness;
each second, the whole of time;
every existence is Life
and every death, Death.

Eternity is not interrupted by life,
neither by death,
just as space is permeable to the unit.

The notion of the world is an image,
a projection within the individual substance:
the inside is as far as is the outside,
the time gone is as remote as the time to come.

[70] Reloj de arena

No es un instrumento de medida
como cree
el anónimo inventor.

el reloj de arena es una imagen
del espíritu del tiempo:

el tiempo no transcurre,
cae;

el futuro, ese monstruo invisible,
asume la forma del cono superior,

el cono inferior es el pasado,
el animal que Todo se lo traga
para volverlo Nada.

No pasa el tiempo,
cae en el agujero negro.

La existencia es el vértice fugaz
de la terrible imagen.

[70] An Hourglass

Not a measuring instrument
as believed by
the anonymous inventor.

the hourglass is an image
of the spirit of time:

time does not flow,
it falls;

the future, that invisible monster,
takes the shape of the upper cone,

the lower cone is the past,
the animal that swallows Everything
and turns it into Nothing.

Time does not pass,
it falls into the black hole.

Existence is the fleeting vertex
of the terrible image.

[71] Sextante

Así como concebimos una imagen del mundo,
engendramos una idea de infinito.

Dios e infinito son la misma idea,
infinito y silencio se confunden.

El mundo tiene principio y fin,
después del fin solo resta el silencio.
Nada y silencio son sinónimos.

Antes del principio solo Dios es posible.

El infinito no cabe en la conciencia,
pues esta solo alberga la idea de infinito.
Dame de tu risa el sonido,
de tu mano el calor
y el brillo de tus ojos…

Solo abrázame.

[71] A Sextant

As we create an image of the world,
we invent an idea of infinity.

God and infinity are the same,
infinity and silence are not distinguishable.

The world has a beginning and an ending,
after the end, only silence remains.
Nothingness and silence are synonyms.

Before the beginning only God is possible.

The infinite lies far beyond consciousness,
since this only harbours the idea of the infinite.
Give me the sound of your laughter,
the heat of your hand
and the sparkle in your eyes…

Just embrace me.

EL JARDÍN DEL ORIGEN

~

THE GARDEN OF THE ORIGIN

(2004-2009)

[72] Una pregunta

Enséñame el significado de mis días.

¿Quién borró el mapa de mis ojos
que yo había dibujado en tu corazón?

¿Para qué soy?
¿Para qué vivo?

¿A qué responde la arquitectura de mis huesos?
¿Qué vas a hacer con ellos
cuando ya no sea tu sombra,
tu sueño atormentado?

[72] A Question

Teach me the meaning of my days.

Who deleted the map of my eyes,
which I had depicted on your heart?

Why am I here?
What do I live for?

What can account for the architecture of my bones?
What will you do with them
when I am not your shadow any longer
or your tormented dream?

[73] La máquina

Algo en nosotros muere
de modo inesperado

y a partir de entonces
ya no somos los mismos.

He sido tantos,
he muerto tantas veces…

La máquina cumple un nuevo giro,

lo que creíamos cierto se ha vuelto una mentira,
lo que juzgábamos inocuo se ha convertido en esperanza.

Perdedor de la inocencia,

¿quién te devuelve ahora los días sonrosados,
esas mañanas que por su belleza
temíamos que solo fueran espejismos?

¿A qué dios ambiguo ofrecimos nuestros frutos?

[73] The Machine

Something within us dies
in an unexpected way

and from then onward
we are no longer the same.

I have been so many,
I have died so many times…

The machine performs a new turn,

what we thought true has turned into a lie,
what we judged innocuous has become hope.

Loser of innocence,

who will now return the rosy days to you,
those mornings which were so glorious
we feared they were only mirages?

To what ambiguous god have we offered our fruits?

[74] ADÁN

Es todo el tiempo el tiempo que he vivido
y el tiempo que me queda es todo el tiempo:

Un cono doble cuyo vértice soy yo
y ese "yo" es todo aquel que dice yo, aquí y ahora.

El único tiempo es aquí y ahora
y el único yo soy yo, aquí y ahora.

Yo soy Adán, el primero y el último,
el único Adán que somos todos: La Unidad;
y sin embargo cuánto duele asumirse
el diminuto transitorio,
el pobre Adán perdido,
sin el árbol,
sin el fruto,
sin la inocencia que de sí le da el olvido.

[74] Adam

The whole of time is the time I have lived
and the time I have left is the whole of time:

Two cones and I am the vertex
and "I" is anyone who says "I", here and now.

The only time is here and now
and the only I is me, here and now.

I am Adam, the first and the last,
the only Adam who is all of us: The Unit;
and yet how painful it is to accept being
a transitory small self,
the poor and lost Adam,
without the tree,
without the fruit,
without the innocence granted by oblivion.

[75] Presencia

El camino de la introspección conduce al jardín del origen.

No se trata de un sendero de barro y piedras en medio del bosque
o a través de la montaña,
es una suma de preguntas y respuestas dentro de la gran pregunta.

La ubicuidad del jardín del origen consiste en que lo hallamos en el
interior de cada uno, parecido a un manantial de agua pura, pero carente
de forma física.

No es un manantial de razones, sino de causas;
solo que todas las causas son una, el amor.

Al jardín del origen también lo llamamos alma,

así como amor del alma
al principio generador

y gran alegría

al sentimiento que nos embarga
en presencia del jardín.

[75] Presence

The path to introspection leads to the garden of the origin.

It is not a path of mud and rocks in the middle of the woods
or across the mountains,
it is a collection of questions and answers within the great question.

The ubiquity of the garden of the origin consists in that
we find it within each of us, resembling a fountainhead
of pure water, but lacking a physical form.

It is not a fountainhead of reasons, but of causes;
and all causes are one, love.

We also call the garden of the origin soul,

as we call the generative principle
love of the soul

and the overwhelming feeling

in the presence of the garden,
we call great happiness.

[76] Eterno retorno

Perecederos, fugaces
hemos guardado la esperanza de que aun la muerte sea transitoria.

El paraíso que florece ante nosotros
y ante nosotros se marchita

es el mismo que
al amanecer,
lleno de luz,

abre sus pétalos
y esparce su perfume…

Al anochecer,
de espaldas al sol,
cierra sus párpados,

entra en la sombra.

La sombra y la muerte
son el mismo sueño de Adán

y Adán se repite
en múltiples rostros,

infinitas sombras
que entran en la sombra.

[76] Eternal Return

Perishable, transient as we are
we hold out the hope that even death will be transitory.

The paradise which blossoms before us
and before us withers

is the same
as that which, at sunshine,
full of light,

unfolds its petals
and diffuses its scent…

At nightfall,
with its back against the sun,
closing its eyelids,

it enters the shadow.

Shadow and death
are both Adam's dream

and Adam is copied
in numerous faces,

an infinite number of shadows
entering the shadow.

[77] Viaje a la semilla

Dios y alma son dos modos
de llamar lo Uno,
el principio.

El principio no es un momento ni un acontecimiento,
es la causa original
y sucede en todo momento, en todo acontecimiento.

Cuando el enamorado dice:
"Te amo con toda mi alma",
miente en sentido estricto,
pero en general dice la gran verdad,
la única.

La única verdad es Dios,
lo Uno,
el alma;

y el único amor
es el amor del alma por el alma:
el principio generador.

Mi alma es una falacia,
no existe el alma individual;

solo hay un alma,
la misma para todos.

El sabio dice:
"El mito es manifestación
de la esencia del alma".

Y el poeta agrega:
"El amor es manifestación
de la continuidad del alma,

lo que el amor multiplica
su ausencia lo divide".

El camino del sabio
y el camino del poeta
confluyen
en el jardín del origen.

Como todo acontecimiento es
manifestación de lo Uno
toda existencia es un viaje

y todo viaje
un viaje de retorno
a la semilla.

[77] Journey to the Seed

God and soul are two ways
of calling the One,
the origin.

The origin is neither a moment nor an event,
it is the original cause
and happens at every moment, at every event.

When a lover says:
"I love you with all my soul",
He is lying, in the strict sense,
but generally, he is telling the great truth,
the only one.

The only truth is God,
the One,
the soul;

and the only love
is the soul's love for the soul:
the generative principle.

My soul is a fallacy,
there is no singular soul;
there is only one soul,
the same for all.

The wise says:
"The myth is the manifestation
of the essence of the soul".

And the poet adds:
"Love is the manifestation
of the continuity of the soul,

what is multiplied by love
is divided by the absence of it".

The path of the wise
and the path of the poet
converge
in the garden of the origin.

As every event is the
manifestation of the One
every existence is a journey

and every journey is
a return journey
to the seed.

[78] El pequeño ciclo

Como
    el humus
que entra
en la raíz,

por el tallo
          sube

y en la rama
        se vuelve

hoja,
     fruto.

Como
    una
        pluma

que cae

sintiendo
    el aire
        y el viento

Y allí
    sobre
        la tierra
se vuelve
    tierra.

[78] The Small Cycle

As
    humus
that enters
the root,

climbs
          up the stem

and on a branch
         becomes

a leaf,
    fruit.

As
    a
    feather

that falls

feeling
    the air
        and the wind

And there
        on
            the earth

it becomes
    earth.

[79] El viaje

La caída
    natural
de un fruto

mitiga
    tal vez
su peso
    en la rama,

rompe
    fugaz
el silencio.

[79] The Journey

The natural
    fall
of a fruit

alleviates
    perhaps
its weight
    on the branch,

and
    briefly
breaks the silence.

[80] Dos momentos

Bajo tu rostro
sonríe una calavera.

El rostro...

la calavera...

son solo
dos momentos.

[80] Two Moments

Beneath your face
a skull smiles.

The face…

the skull…

are just
two moments.

[81] LA CONTINUIDAD

Eva no es el paraíso,
pero sin ella
este no es posible.

Las líneas de su cuerpo
que conducen
a la boca del monte

son las puertas
del edén
a condición
de que solo
la inocencia
entre.

El viaje de retorno
hasta el útero
en busca
del engendro
es el paraíso.

Una regresión
es el origen,
el fin
es una regresión.

La continuidad
llamamos
a la esencia
del dorado fruto.

[81] Continuity

Paradise is not Eve,
but without her
paradise does not exist.

The lines of her body
which lead
to the mouth of the mount

are the doors
of Eden
provided
that only
innocence
enters.

The journey of return
to the womb
in pursuit of
the unborn
is paradise.

A regress
is the origin,
the end
is a regress.

Continuity
is what we call
the essence
of the golden fruit.

[82] Los expulsados

Las ropas nada cubren,
hoja o tela da lo mismo,
enuncian el bien perdido.

Una inocencia engendra la pérdida de la otra,
así como su búsqueda es el viaje.

De doble condición es la naturaleza del dorado fruto.

Si el camino es la resolución de los contrarios
y su fusión el dulce hallazgo
el retorno de la luz es el regreso a la oscuridad
y solo la desnudez es inocente,
solo la inocencia
sabia.

[82] The Expelled

Clothes do not cover anything
leaf or fabric makes no difference
they proclaim the loss of goodness.

Innocence originates the loss of innocence,
just as the quest for it is the journey.

The condition of the golden fruit is double.

If the path is the resolution of the opposites
and its fusion, sweet discovery,
the return of the light is the return to darkness
and only nudity is innocent,
only innocence,
Wise.

[83] La expulsión

No es posible dejar el lugar donde no estamos.

Ni estación, ni puerto, ni asiento, ni época,
ni morada, ni tiempo…

El bien perdido no es un lugar.

Las palabras no pueden hallar explicación
porque tampoco pueden transmitirla.

¿A quién expulsan del lugar donde no se halla?

No es un lugar, no es un momento…
es tan solo una manera simple de entender,

una parábola, una metáfora…

Una historia que los niños guardan
y la conciencia persigue inútilmente.

[83] The Expulsion

It is not possible to leave the place where we are not.

Or station, or harbor, or seat, or era,
or abode, or time…

The good lost is not a place.

Words cannot find an explanation
for they can neither transmit it.

Who can be expelled from a place where they are not?

It is not a place; it is not a moment…
It is just a simple way of understanding,

a parable, a metaphor…

A story treasured by children
and chased by consciousness in vain.

[84] La fuente del conocimiento

Como detrás
de un arbusto,

de cualquier
arbusto

en el campo,
la hallarás
dentro de ti,

detrás
de toda

apariencia.

[84] The Source of Knowledge

Like from behind
a bush,

any
bush

in the countryside,
you will find it
within you,

behind
all

appearance.

[85] El bien perdido

La vida es la búsqueda de su restitución,
¿a qué atribuyes la necesidad de tu existencia,
si no a la pérdida de un bien por qué luchar?

Del Uno que se hizo Dos vienen tus ojos,
el colorido de tu pelo,
del Dos que busca la Unidad
nacen tus actos,
el movimiento de tus manos.

El bien perdido es la causa originaria,

la tuerca que retuerce el nudo de la máquina
—que sin ella estaría detenida—,

el engranaje azul de todo movimiento,
el jardín de los dorados frutos.

[85] Lost Goodness

Life is the quest for the recovery of lost goodness;
to what do you attribute the need for your existence,
but to the loss of the good you struggle to recover?

Your eyes, the color of your hair
come from the One who became Two,
Your deeds,
the movement of your hands
come from the Two that pursues Unity.

Lost goodness is the original cause,

the twisting nut at the hub of the machine
—without it the machine would stop—,

the blue mechanism of every movement,
the garden of the golden fruits.

[86] El bífido animal

Llamamos movimiento a la esencia de la transformación,
al medio para ir desde la oscuridad hasta la luz,
para llegar al paraíso.

El combate es la causa originaria del movimiento.
La presencia del oscuro animal o su simple posibilidad
el combate hace posible.

¿Qué sería de la fábula sin la lengua de dos formas,
sin la lucha que al espíritu vencedor azula?

[86] The Bifid Animal

The essence of transformation,
the means to go from darkness to the light
and to arrive in paradise, is called movement.

The combat is the primary cause of movement.
The presence of the dark animal or its simple possibility
makes the combat possible.

What would the fable be without the bifid tongue?
without the struggle that colours the triumphant spirit blue?

[87] El regreso a la oscuridad

Si el origen se interpone entre la ausencia y la presencia
y en la presencia las flores elevan sus pistilos

ante la luz del rostro
el colorido del jardín nos ilumina.
Toda parábola es el trozo de un círculo.

En tanto el círculo sabe reunir el fin con el origen
el regreso de la Nada nos espera.

La oscuridad es un asunto nuestro
porque el jardín es una luz perenne.

El regreso es nuestro regreso
ausentes de la luz

ni espíritu ni polvo
solo sombra,
olvido,
nada.

[87] Return to Darkness

If the origin comes between the absence and the presence
and in the presence flowers raise their pistils

before the light of the face
the colours of the garden brightens us
Every parable is a sector of a circle.

Inasmuch as the circle knows how to reunite the end with the beginning
the return to Nothingness awaits us.

Darkness is our issue
for the garden is a perennial light.

It is us, absent from the light,
who return

neither spirit nor dust
only shadow,
oblivion,
nothing.

[88] La gran batalla

En sentido estricto la negación del mal es posible:

las parejas de oposición son causa originaria del movimiento
y el movimiento es condición para el ascenso.

La dinámica halla una imagen en el péndulo,
pero su proceder celebra el misterio de los órdenes.

En el orden material el combate es una vulgar mezcla de cuerpos
en el espectro que cubre desde el dolor hasta el éxtasis.
Sus consecuencias extremas son la muerte o la continuidad.

Un orden más allá se resumen en el retorno del silencio o en el eterno retorno.

En el segundo orden la reina es la conciencia,
su lucha es por alcanzar la luz
que derrama sobre los fenómenos
el engendro limitado de la comprensión:

Razones, falacias
son los frutos del segundo orden.

Todo lo demás es vago
incierto,
especulación de los mercaderes del espíritu.

¿Cómo ofrecerte la cosecha de mi paraíso,
si en el gran combate
todo se vuelve
agua entre mis manos?

[88] THE GREAT BATTLE

In a strict sense the denial of evil is possible:

the pairs of opposites are the primary cause of movement
and movement is the condition for the ascent.

The dynamics find an image in the pendulum,
but their proceedings celebrate the mystery of the orders.

In the material order, the combat is a vulgar mixture of bodies
in the spectrum ranging from pain to ecstasy.
Its extreme consequences are death or continuity.

In an order beyond, they reunite in the return of silence or
the eternal return.

In the second order conscience is queen,
it struggles to reach the light
which is poured on the phenomena
by the limited offspring of understanding:

Reasons, fallacies
are the fruits of the second order.

Everything else is vague,
uncertain,
speculation by the merchants of the spirit.

How will I offer you the harvest of my paradise,
if after the great combat
everything becomes
water between my hands?

[89] Guardián de la inocencia

Hacia el oriente se elevan las montañas y sus breñas repiten las formas de la india.
De la muchacha cobriza del bosque de yarumos a la silueta de tierra y árboles tan solo hay cinco siglos de conquista, colonia y guerra, guerra y sucio crimen.
Un bosque de búcaros, gualandayes, arrayanes, chopos, acacias, guayacanes es el bravo sexo de la india.

Hacia el occidente se levantan las mesetas altas, el borde irregular del contrasol y en el jardín de pinos florecen las catleyas, bromelias, sanjoaquines, rosas, hortensias, josefinas, dalias y begonias: la flor del paraíso, el sexo perfumado de la india y el yarumo blanco como un reflejo de plata en la luminosidad del véspero.

Hacia el norte el río se abre paso entre los montes en la boca del cañón del sexo de la india, el río inmundo, a cuyo aroma bazofial se opone el olor dulcete de la piña, el mango, la naranja, el lejano aroma del banano y el ácido sabor del tamarindo, el mamoncillo, la guama… que se hunden en la infancia cuando el sexo de la india era solo una promesa.

Desde el sur vienen los manantiales del río y de las cordilleras, y en el bosque de los sietecueros la vaca parió una perra, la yegua una culebra, la cerda una camada de armadillos y en su sangre cruda la india bebió el carbón, el hierro, el oro y después las esmeraldas que adornaban su sexo bronco.

El paraíso que nos legaron era un valle de cemento, una india preñada de mestizos y una negra dotada de fábulas y de ritmos en el tambor antiguo de sus nalgas y en el vaivén de sus senos de carne fofa.

Pero la mujer que tenía el pájaro verde en sus manos no era la india propiamente,
propiamente no era la negra:
mezcla de mulata y de mestiza, de su sangre un río de todos los colores habíamos conjugado.

Ni las tórtolas que vinieron en bandada, ni los pinches, ni el canario escaso, ni las golondrinas, ni los gallinazos, ni los carpinteros de cabeza roja, ni las silgas, ni los torpes mayos, ni las vocingleras verdes, ni los afrecheros, ni los petirrojos...

El guardián de la inocencia no era más que un pájaro verde
que ella destrozaba entre sus manos
y en sus manos se restituía.

[89] THE GUARDIAN OF INNOCENCE

The mountains rise on the East, and the thicket copies the indigenous woman's shape.
From the copper young woman of the yarumo grove to the silhouette of land and trees, there are only five centuries of conquest, colony, and war, war and filthy crime.
A forest with *bucaro*[5] trees, *gualanday*[6] trees, myrtles, poplars, acacias, *guaiacan*[7] trees is the indigenous woman's wild sex.

The high plateaus lie on the West, an irregular edge in the chiaroscuro, and the pine tree garden is full of *cattleyas*[8], bromeliads, hibiscuses, roses, hydrangeas, clematises, dahlias and begonias: the bird of paradise, the indigenous woman's scented sex and the white yarumo as a reflection of silver in the luminosity of the dusk.

The river makes its way to the North between the hills, in the mouth of the canyon of the indigenous woman's sex, the filthy river, with odor of refuse material counteracted by the sweet smell of pineapple, mango, orange, the distant aroma of banana trees and the acid taste of tamarind, *mamoncillo*[9], *guama*[10]... all of which sink in the infancy when the indigenous woman's sex was just a promise.

The river springs from the mountain ranges in the South and in the grove of glory trees, the cow gave birth to a dog, the mare to a snake, the sow to a litter of armadillos and in her raw blood the indigenous woman drank the coal, the iron, the gold and after that, the emeralds adorning her untamed sex.

The paradise they passed on to us was a valley of cement, an indigenous woman pregnant with mestizos and a black woman endowed with fables and rhythms in the ancient drum of her buttocks and the sway of her breasts of flabby flesh.

---

5 *Erythina fusca*
6 *Jacaranda cuspidifolia*
7 *Guaiacum officinale*
8 *Cattleya trianae*
9 *Melicoccus bijugatus*
10 *Inga edulis*

But the woman who held the green bird in her hands was not the indigenous woman,
neither was the black woman:
a mixture of mulatto and mestizo, in the river of her blood we had blended all the colours.

Not even the doves that came in a flock, nor the mockingbirds, nor the rare canary, nor the swallows, nor the vultures, nor the red-crowned woodpeckers, nor the grassquits, nor the wrens, nor the green parrots, nor the sparrows, nor the robins…

The guardian of innocence was but a green bird
which she would destroy with her hands
and in her hands it got restored.

[90] El gran pantano

Un hueso duro

de la muerte
a la resurrección

en la jornada
del tránsito

a la hora del dolor.

¿Quién tantea
en las tinieblas
del laberinto?

El gran pantano,
la prueba
de paciencia
del que aprende.

¿Quién se hunde
en el pozo
de las heces?

En tránsito

de la oscuridad
a la luz.
Vencedor de la lucha

no ha llegado aún
la recompensa
al otro lado de la espera,

la confusión
es ahora el enemigo,

el único aliado
es la paciencia,

la única fuerza
contiene
a la desesperanza.
Vencedor del animal terrible,

¿qué fe recóndita
te anima ahora
a esperar
el hueso del pájaro deshecho?

El gran pantano,
el laberinto,
el lago interminable...

Es el momento
de la espera.

Vencedor de ti mismo,
al otro lado
del pantano

probarás

el árbol
de la vida.

[90] The Great Swamp

A hard bone

from death
to resurrection

in the day
of transit
in the hour of pain.

Who gropes around
in the darkness
of the maze?

The great swamp,
the test
of the learner's
patience.

Who sinks
in the well
of feces?

In transit

from darkness
to the light.

The vanquisher

the reward
has not reached yet
the opposite side of waiting,

confusion
is now the enemy,

the only ally
is patience,

the unique force
contains
despair.

Vanquisher of the terrible animal,

what recondite faith
encourages you now
to await
the bone of the undone bird?

The great swamp,
the maze,
the endless lake…

It is the waiting
moment.

Vanquisher of yourself,

on the opposite bank
of the swamp

you will taste

the tree
of life.

[91] La causa primigenia

> *Ante todo guarda tu corazón,*
> *ya que de él brotarán*
> *los manantiales de la vida.*
> Proverbios IV-23

De modo natural conocemos el cofre que guarda la semilla,
sin saberlo portamos el fuego
guardamos el tesoro.

¿Cuál es la fuente
de la que mana vida sobre la tierra?

Corazón abierto como río de siete brazos,
perenne gracia,
manantial del agua de la vida.

Pero solo el fuego del amor fecunda,
la causa primigenia, razón de la continuidad.

Sin saberlo el árbol florece, el dorado fruto emana el agua primordial
y vivimos en la oscuridad,
ajenos al conocimiento de nosotros mismos.

[91] THE ORIGINAL CAUSE

> *Above everything else guard your heart,*
> *for from it flow*
> *the springs of life.*
> Proverbs IV-23

In a natural way we know the chest where the seed is kept,
we bear the fire unawares
we guard the treasure.

From which source
does life flow on Earth?

An open heart like a river of seven arms,
perennial grace,
fountainhead of the water of life.

But only the fire of love proliferates,
the original cause, the reason for continuity.

Unknowingly, the tree blossoms, the golden fruit sends forth the primordial water
and we live in darkness,
outsiders to the knowledge of ourselves.

[92] El jardín de las delicias

Todas las palabras reunidas consiguen el silencio.

Las bestias que ni siquiera el sueño puede imaginar rodean el árbol de la vida, pero en vez de amenaza son custodia.

Los ambiciosos que se roban el tesoro equivocadamente juzgan el valor de las joyas, pues lo más apetecido es lo despreciable.

El único cantar es el surgimiento de los seres, pero las cosmogonías no pueden narrar acontecimientos, porque no es suceso el surgimiento de la nada.

En el tránsito del no-ser al ser solo cabe el silencio. La poesía es la palabra que se hace silencio.

El pájaro verde que ahora sobrevuela el jardín no es un pájaro, es la palabra alada que llegó hasta el corazón del ritmo.

Tres ejes horizontales y tres ejes verticales constituyen la estructura del jardín: amor, vida y muerte los llamamos.

En el libro de los muertos se revela el misterio de la vida, pues el corazón no conoce por lo que la razón le enseña. Hay un pozo en el eje superior donde este se cruza con el eje central, es allí donde el corazón encuentra a la mujer del cántaro.

En la reunión con la mujer del cántaro el agua simple se transforma en la primera leche. Quien entra en la jarra bebe el líquido de los tres ejes restantes del jardín: leche, agua y sangre los llamamos.

La proyección de los ejes verticales en los horizontales y su procedimiento inverso constituyen el conocimiento. La leche da origen, el agua limpia y la sangre alimenta.

En el espeso río corren juntas como si fueran una sola, como si un nuevo misterio las mezclara.

[92] THE GARDEN OF DELIGHTS

All the words together attain the silence.

Beasts, unimagined even in dreams, surround the tree of life, and they are not a threat but a custody.

The greedy ones who steal the treasure, wrongly judge the value of the jewels, since what they desire most is what is despicable.

The only song is the emergence of beings, but cosmogonies cannot narrate events because the emergence of nothingness is not an event.

In the transit from not-being into being there is only room for the silence. Poetry is the word that becomes silence.

The green bird that now overflies the garden is not a bird but the word that has reached the heart of rhythm.

The structure of the garden consists of three horizontal axes and three vertical axes: we call them love, life and death.

In the book of the dead the mystery of life is revealed, because the heart does not learn by the teachings of reason. There is a well in the upper axis where this crosses the central axis; it is there where the heart encounters the woman with the pitcher.

At the encounter, plain water is transformed into the first substance. Whoever comes into the jar drinks the liquid of the three remaining axes of the garden: we call them milk, water and blood.

The projection of the vertical axes in the horizontal ones and the reverse procedure constitutes knowledge. Milk is the originator, water is the purifier and blood is the nourishment.

In the thick river the three run together as if they were one, as if blended by a new mystery.

[93] El manantial de bienes

Hierofanía llama el investigador a la manifestación de lo sagrado y explica que los adoradores de la piedra no adoran la piedra en sí, sino aquello de lo que la piedra es revelación.

Así pues, el árbol no es más que un árbol, la montaña tierra y piedra.

El misterio es intransmisible porque la única palabra es el silencio.

Solo si la encuentras en ti mismo
tendrás acceso a la verdad.

Pero el conocimiento no es el don verdadero,
el don verdadero es la alegría,
origen y consecuencia de los bienes.

[93] The Fountainhead of Goods

Hierophany is the name the investigator gives to the manifestation of the sacred and he explains that those who worship stone do not worship the stone itself, but that of which the stone is a revelation.

Thus, the tree is nothing else but a tree; the mountain, earth and stone.

The mystery is incommunicable because the only word is the silence.

Only if you find it within yourself
you will have access to the truth.

But knowledge is not the true gift,
the true gift is joy,
origin and consequence of the goods.

[94] Un corazón tranquilo

Ha sido
de dos modos,

cofre,
crisol que cuece
el agua en sangre.

En el retorno,
de la sangre
se hace agua.

Ya el fruto
es árbol nuevo.

Aquel
que ha logrado

llegar
hasta la fuente

y en el seso
ha puesto,

no el conocimiento
del misterio,

sino su pálpito
sensorial,

en la raíz
del fuego
se apacigua.

[94] A Quiet Heart

Two ways
of being,

chest,
crucible that boils
the water in blood.

Returning,
blood
turns into water.

Already the fruit
is a new tree.

He
who has been able

to reach
the fountainhead

and in the brain
has set,

not the knowledge
of mystery,

but its sensorial
beat,

at the root
of fire
he finds contentment.

[95] El alma universal

Dice el filósofo que nuestro conocimiento mira hacia fuera y que si lo que reconoce intenta dirigirse hacia dentro, para conocerse a sí mismo, queda en una completa oscuridad, en un vacío absoluto.

El poeta responde que el único conocimiento es el conocimiento de sí.
No es posible conocer afuera
porque el Todo,
como agujero negro,
se vierte sobre sí y allí se agota,
se vuelve Nada.

Así como la conciencia es la parte más pequeña en el sí mismo,
el alma individual se arropa con el alma universal que la contiene.

En el alma universal se guarda lo sucedido, todo aquello que se llama historia, pero además lo que por un instante fue posible y algún obstáculo fortuito lo impidió.

En el alma universal se guarda lo que aún no ha sucedido; pero no solo lo que efectivamente ocurrirá, sino aquello que siendo posible no será.

En el alma universal se agrupa todo,
sin tiempo,
sin espacio,
sin la posibilidad de comprenderse.

[95] The Universal Soul

The philosopher says that our knowledge looks outward and that if what is recognized tries to steer inwards, to know itself, it remains in complete darkness, in absolute vacuum.

The poet responds that knowledge is only self-knowledge.
It is not possible to know by looking outward
because Wholeness,
as a black hole,
is poured into itself and becomes exhausted,
it turns into Nothingness.

Inasmuch as consciousness is the smallest part in the self,
the individual soul is wrapped up in the universal soul which contains it.

All the facts are kept in the universal soul, all of which is called history, but also whatever was possible for an instant and was impeded by some fortuitous obstacle.

That which has not happened is kept in the universal soul, but not just that which will actually happen, but even that which remaining possible will not occur.

In the universal soul all things are grouped together,
without time,
without space,
without the possibility of understanding each other.

[96] Diálogo de los incomunicados

Si te hablo de la Unidad y todavía no la has percibido, nada hago porque lo que no conoces es como si no existiera.

En cambio, si te hablo de la Unidad y ya la has percibido, nada hago tampoco porque no tiene sentido referirte lo que ya sabes.

La unidad hace de todos los hombres uno solo,
lo hemos llamado Adán, pero también lo hemos llamado Nadie.

El tamaño de la Unidad es inamovible porque esta carece de él y, así como reúne a los hombres, también reúne todos los objetos y todas las criaturas, luego nada hay que pueda acrecentarla o disminuirla.

Si te hablo del alma única y universal es lo mismo que si no te dijera nada, porque la noción del alma que a todas las reúne no puede expresarse con simples palabras, pero además porque su gran particularidad consiste en que es intransmisible.

Solo pueden ver el alma única y universal aquellos que tienen ojos en la oscuridad, justo aquellos a quienes no hay nada qué decirles porque ya lo saben todo.

La gran falacia es el diálogo porque las palabras corrientes dicen lo que no es, al mismo tiempo que lo verdadero es incomunicable.

Si te hablo nos mentimos,
pero si callo, permanecemos incomunicados.

[96] Dialogue about the Incommunicable

If I speak to you about the Unit and you have not perceived it yet,
I do nothing because what is unknown to you is inexistent as it were.

Instead, if I speak to you about the Unit and you have already perceived it, I do nothing either because it makes no sense to tell you what you already know.

The unit makes all men only one,
whom we have called Adam, but we have also called him Nobody.

The size of the Unit is fixed because the Unit has no size, and, just as it gathers all the humans, it also brings together all the objects and all the creatures, hence there is nothing which can augment it or diminish it.

If I speak to you about the unique universal soul, I do not tell you anything, as it were, because the notion of a soul that combines all souls cannot be expressed with mere words, and, furthermore, because its great peculiarity consists in that it is incommunicable.

Only those who have eyes in the dark can see the unique, universal soul, just those to whom nothing can be said because they already know everything.

The great fallacy is the dialogue because common words say what is not, at the same time that what is true is incommunicable.

If I speak to you we lie to each other,
But if I hush, we remain unable to communicate with each other.

[97] Paraíso

Debe la tierra ser como el hombre, su criatura,
y su inconsciente es el mismo mar
en que navegamos en busca de nosotros.

El paisaje exterior es también una falacia,
el canto del pájaro es nuestro canto,
el dolor del cielo es el lamento nuestro,
y el dulce amor, el amor universal.

No existe el paraíso afuera,
la pequeña puerta del tesoro no es más
que la prueba de enfrentar tu propio rostro.

Adentro, muy adentro, emerge el jardín de los valientes,
y allá adentro, sin saberlo,
el sembrado arruinan los cobardes.

Jardín del alma, el verdadero rostro
se oculta entre las grietas de uno mismo,
pero al romper la máscara
solo nada era el paisaje.

[97] Paradise

Earth ought to be like man, its creature,
and its unconscious is the same sea
in which we sail in search of ourselves.

The exterior landscape is also a fallacy,
the song of a bird is our song,
the pain of heaven is our lament,
and a sweet love, the universal love.

There is no paradise outside,
the small door of the treasure is nothing else
but the test of facing your own face.

Inside, deep inside, the garden of the brave emerges,
and inside there, unknowingly,
the cowards ruin the sown field.

Garden of the soul, the true face
is hidden between the cracks in oneself,
but once the mask was broken
the landscape proved to be nothing.

[98] El reino de la incertidumbre

Si la Escritura deviene fábula
y en tu cuerpo,
      único recinto sacro,
           umbral,
    pequeña puerta para entrar en el jardín,
abrevan las bestias...
Es porque los tiempos de la incertidumbre nos dominan,

cualquier palabra parece verdadera,
cualquier sentencia, sabia
y todo es ocasión para la pérdida.

Lejos de los dioses florece el reino de los chatos,
el desorden,
el oscuro alimento del vacío.

Pero los dioses muertos nada pueden agregar,
la escritura devenida fábula ya no significa,
la bullaranga de la celebración del caos solo aturde.

Ante el dominio de lo vacuo
    solo resta el silencio,
tal vez un poco de ironía,
    quizá el arroyo de tu risa fresca
y el cantar...
    el silbo mañanero de los pájaros
ahogado por el ronco rugir de los motores.

[98] THE KINGDOM OF UNCERTAINTY

If the Writ turns into a fable
and in your body,
      unique sacred precinct,
          threshold,
      small entrance to the garden,
the beasts are watering …
That is so because the times of uncertainty prevail over us,

any word seems true,
any sentence, wise
and everything is occasion for the loss.

Far from the gods, the kingdom of the narrow-minded flourishes,
the disorder,
the dark nourishment of the void.

But the dead gods can add nothing,
the writ which has turned into a fable is no longer meaningful,
the din in the celebration of chaos is simply disconcerting.

In the prevailing vacuity
         only the silence remains,
perhaps a little irony,
         maybe your laughter, as a fresh brook
and the song...
         the morning call of the birds
stifled by the hoarse roaring of the motors.

[99] Canción

El poema es solo una conversación
con los amados,

inaudible casi,

en el recinto interior,

donde el silencio
es la única música posible.

Nada hay
que valga la pena discutirlo,

ni siquiera decir lo que se siente
cabe,

solo conversar,
solo amar

mientras la rueda
gira.

[99] Song

The poem is just a conversation
with the beloved ones,

almost inaudible

in the innermost precinct,

where the silence
is the only music possible.

There is nothing
that is worth discussing,

not even one's feelings are worth
expressing

to chat only,
to love only

while the wheel
turns.

[100] Ese otro viaje

De ese otro viaje no teníamos memoria,
no era nuestra conciencia la que allí venía,
era una niña,
una campesina con los pies descalzos
tomada de la mano de su madre.

En el río fragmentado de las sangres,
en el huevo de la posibilidad futura
veníamos latentes
y no sabíamos que éramos una multitud,
                                    una cadena.
Una niña rogando el alimento del diario vivir
era nuestra nave,

y un camino de herradura de Cocorná hasta Medellín
era el mar que un sol amable cobijaba
en el azogue de los cantos contra las plantas de los pies,
que una luna esperanzada acompañaba en el desamparo de la niña.

De esa otra odisea larga en 1924
no teníamos el recuerdo aún…

Ahora ellas ignoran que este viaje continúa,
por un instante venido a la conciencia del poema
y en el río de las sangres,
bifurcándose…

[100] That Other Journey

Of that other journey we had no memory,
it was not our conscience who was coming,
it was a young girl,
a peasant girl, with bare feet,
held by her mother's hand.

In the fragmented river of the bloods,
in the egg of future possibility
we were coming, latent,
and we did not know we were a crowd,
                                          a chain.
A girl begging for her food on a daily basis
was our ship,

and a bridle path from Cocorná to Medellín
was the sea harboured by a friendly sun
in the reflection of the pebbles against the soles,
accompanied by a hopeful moon in the helplessness of the girl.

Of that other long odyssey in 1924
We did not have the memory yet…

Now they ignore that this journey continues,
for a moment brought to the conscience of the poem,
and in the river of the bloods
diverging…

[101] El jardín de antes

Si lo pequeño es el Ser, el No Ser es todo lo demás.
Si a un sonido le sigue el silencio,
y a este, otro sonido,
se oyen tres músicas.

Desde el punto de vista del sonido, el silencio es la ausencia,
el No Ser;
pero desde el punto de vista de nuestra audición, es la música que se apaga,
el tiempo que pasa.

La música que se vuelve tiempo es el silencio,
lo no dicho es la música inaudible.

El acto lleva consigo tanto lo dicho como lo no dicho.
La pobre conciencia se ahoga en el intento de abarcar el No Ser,
que es el origen del Ser,
del mismo modo que el silencio es la música
y la Nada, la puerta de Todo.

[101] The Former Garden

If Being is the small, Not-Being is everything else.
If a sound is followed by silence,
and this is followed by another sound,
then three melodies are heard.

From the point of view of the sound, silence is absence;
the Not-Being;
But from the point of view of our hearing, it is the music fading out,
time passing.

The music that becomes time is silence,
what is not said is the inaudible music.

The act bears what was said as well as what it was not.
Woe unto consciousness when it drowns in the attempt to grasp the Not-Being,
which is the origin of the Being,
in the same way that the silence is the music
and Nothing, the door to Everything.

[102] El umbral del regreso

Como las nervaduras de una hoja
los senderos del jardín se duplican,
pero, a diferencia de la hoja, en número infinito.

Todo sendero conduce a una encrucijada,
la encrucijada afirma un destino
y un destino es negación de otro.

De este modo, toda afirmación es también una negación,
el sí y el no se implican mutuamente.

En la bifurcación de mi sendero
me mirabas con tus ojos negros
y una mano suave me llamaba desde tu cuerpo,
pero los pasos que seguía se alejaban,
un callado misterio,
un llamado incomprensible inclinaba la elección.

No son ajenos nuestros caminos
son tan solo paralelos,
la pregunta eterna de lo que pudo ser:

¿Qué sería de ti, si mi camino se hubiera
confundido con el tuyo?

Sin saberlo caminamos hacia el interior del bosque,
pero en el bosque hay un lugar donde los senderos
se vuelven de regreso,

hay un lugar donde no es posible adentrarse más
porque todos los caminos se vuelven de salida
e ir hacia dentro es andar en busca del afuera.

El umbral del regreso y el tirano de las horas
en nombre de nuestra agonía bailan y celebran,

nuestro jardín de senderos se duplica
solo en los caminos ciegos
en las direcciones que se pierden.

Sin ti, las sendas que eligiera eran perdidas,
y contigo, en ti se perderían.

Salir, salir es el imperio del jardín,
caer como las hojas,
volver a la tierra que nos hizo savia,
verdor,
brillo fugaz.

[102] The Threshold of Return

As the veins of a leaf
the trails of the garden fork,
but, unlike the veins, they fork to an infinite number.

All paths lead to a crossroads,
a crossroads asserts a destination
and a destination is the denial of any other.

In this way, every affirmation is also a negation,
yes, and no imply each other.

At the crossroads in my path
you were looking at me with your black eyes
and a soft hand was calling me from your body,
But the steps I was after moved away,
a quiet mystery,
an incomprehensible calling favoured the choice.

Our paths are not alien to each other
they are only parallel,
the eternal question of what could have been:

What would you have done, if my path had blended with yours?

Without knowing it, we walk inside the wood,
but in the wood, there is a place where the trails
turn back,

There is a place where it is not possible to go further inside
because all the roads turn into exits
and going to the inside is to wander in search of the outside.

The threshold of return and the tyrant of the hours
dance and celebrate in the name of our agony,

in our garden of trails
only blind roads fork
in the directions they disappear.

Without you, the paths I would choose would disappear,
and with you, they would disappear in you.

Exit, to exit is the rule in the garden,
to fall like leaves,
to return to the earth that made us sap,
verdure,
ephemeral brightness.

EL LIBRO DE LAS PARADOJAS

~

THE BOOK OF PARADOXES

(2009-2015)

[103] Paradoja de la libertad

Yo
es lo pequeño
en mí
lo demás
es el inmenso
todo

Libre

es decir
esclavo
de mi albedrío

[103] The Paradox of Freedom

I
is the small
in me
the rest
is the immense
wholeness

Free

that is to say
slave
to my will

[104] Los dones

Necesariamente
a los días oscuros
suceden los luminosos

Y al pensar o al amar
los sucede
la loca alegría

Abandonado el cuerpo
al dulce amor
recibe
los dones
de la luz
y el sosiego

[104] The Gifts

Necessarily
the dark days
are succeeded by the clear ones

And thinking or loving
are succeeded
by wild joy

When surrendering
to sweet love
the body
receives
the gifts
of light
and calm

[105] Aporía

No ser
es solo la concurrencia
de dos vocablos opuestos

Ser
no admite la negación
puesto que se trata
de la gran afirmación

No obstante
lo que es
viene de allí

puesto que algo
primero no es
luego es
y después no es

Tanto fue como será
enuncian lo inexistente

[105] Aporia

Not being
is just the assemblage
of two opposite terms

Being
cannot be denied
since it is
the great affirmation

However
every being
comes from it

since something
at first is not
then it is
and later it is no longer

It was and it will be
both proclaim the inexistent

[106] Viabilidad

Ser
descansa en el no ser

como el universo
en el vacío

Su contorno es
la nada

O mejor

El ser es el contorno
de algo en la nada:

Una nube en el cielo

Un vapor en el aire

Un destello en la sombra

[106] Viability

The being
rests with the not-being

as the universe,
with the vacuum

Its contour is
nothingness

Or rather

The being is the contour
of something in nothingness:

A cloud in the sky

Vapour in the air

A glint in the shadow

[107] Permeabilidad

Tanto es infinito
hacia afuera
como hacia adentro

Adentro y afuera son solo
dos posiciones idénticas
consecuencia
de la noción de "Yo"

El Yo
permeable
al infinito

Es tan lejos
la expansión universal
como la fragmentación atómica

Adentro
tiempo y espacio
se reducen
hacia el remoto origen
la nada

Afuera
tiempo y espacio
se dilatan
hacia el remoto fin
la nada

[107] Permeability

Infinity extends
outwards
and inwards

Inside and outside are only
two identical positions
and this is a consequence
of the notion of "I"

The I
permeable
to the infinite

The universal expansion
gets so far away
as the atomic fragmentation

Inside
time and space
shrink down
to their remote origin
nothingness

Outside
time and space
expand
towards the remote end
nothingness

[108] Abarcabilidad

1
La concepción
de un mito

nos otorga
identidad

Lo nombramos
Yo

Y solo eso
es lo que
somos

2
Si el "Yo"
es solo un
concepto

su disolución
nos deja
el infinito

La nada

[108] Encompassment

1
The conception
of a myth

gives us
identity

We name it
I

And only that
is what
we are

2
If the "I"
is only a
concept

its dissolution
leaves us
the infinite

nothingness

[109] La conciencia

Membrana
invisible

El individuo

arropa
el todo

[109] Consciousness

Invisible
membrane

The individual

covers
wholeness

[110] En la cifra del misterio

Lo infinito
solo cabe en lo finito
puesto que la suya
es una idea
del hombre finito

Lo infinito del hombre es su alma
tan inmensa
en el pequeño individuo
como en la totalidad de los hombres

El uno y el todo
equivalen
en los caminos del alma

Por el sendero
del viaje interior
se vislumbra
el alma colectiva
sin hallarse nunca

inconcebible
inabarcable
en la cifra
del misterio

[110] In The Cypher of The Mystery

The Infinite
is encompassed only by the finite
since the idea of it
is an idea
of the finite man

The infinite in man is his soul
as immense
in the small individual
as in the totality of human beings

The one and the whole
are equivalent
in the paths of the soul

Through the path
of the inner journey
you catch a glimpse
of the collective soul
without ever finding it

inconceivable
unencompassed
in the cypher
of the mystery

[111] Uno y el Universo

Respecto a mí
lo eres todo

Respecto a la tierra
una luz
pequeñísima

Respecto al universo
somos nada

[111] ONE AND THE UNIVERSE

With respect to me
you are everything

With respect to the earth
a very little tiny
light

With respect to the Universe
we are nothing

Todas las palabras reunidas consiguen el silencio / All the words together attain the silence

[112] Viaje interior

El jardín de la conciencia
asume la forma
de la imagen del mundo

del universo conocido

¿Cómo entrar en la tiniebla
que todo lo bordea?

Un sueño es la llave
una fantasía
un arcano dolor del alma

Y es ahora
la región de las tinieblas

No es un lugar
no es un instante
es solo lo desconocido
interior
el fondo oscuro
del ser
El sentido

donde el espíritu
una luz
se presenta

¡Cuán pequeño
se divisa el cuerpo de barro
allá afuera!

¡Minúsculo grano
de arcilla
el universo material
desde el espíritu!

[112] Inner Journey

The garden of consciousness
takes the form
of the image of the world

of the known universe

How can we enter the darkness
which skirts everything?

The key is a dream
a fantasy
an arcane pain of the soul

And now it is
the region of darkness

It is not a place
It is not an instant
It is just the unknown
inside
the dark depth
of the self
The sense

where the spirit
a light
appears

How small
the body of clay seems
out there!

Minuscule grain
of clay
the material universe
from the spirit!

[113] LO OTRO

En cuanto al sonido
el silencio

En cuanto al espacio
el vacío

En cuanto a la luz
la sombra

En cuanto al tiempo
la eternidad

En cuanto al ser
la nada

[113] THE OTHER

With regard to sound
the silence

With regard to space
the vacuum

With regard to light
the shadow

With regard to time
eternity

With regard to the self
nothingness

[114] Deducciones

Así como de uno
sigue dos
en forma natural

De lo uno
se desprende
lo otro
como necesario

Pero así como
lo uno
es lo visible
la luz de los días
en el paraíso

Lo otro
es lo desconocido
cuya manifestación
aturde

Aterra

[114] Deductions

Just as two
follows one
in a natural way

One is
necessarily
followed
by the other

But just as
the one
is what is visible
the light of days
in paradise

The other
is the unknown
and its disconcerting
manifestation is

Terrifying

[115] Otredad

Invisible
no implica
no existente

Visible
no implica
verdadero

Visible
es decir
interior

No visible
es decir
lo otro

[115] OTHERNESS

Invisible
does not imply
nonexistent

Visible
does not imply
true

Visible
amounts to saying
interior

Not visible
amounts to saying
the other

[116] La sombra

Rodeado por cuatro luces
proyecta cuatro sombras

Si la luz es más pequeña
multiplica su tamaño

si es más grande
lo disminuye

Distancia y posición
también inciden
en su forma y dimensiones

Una vida opaca
soporta
una sombra inmensa

Sombra pequeña
y dulce vida
se corresponden

Si la ignoro se fortalece
Si la confronto se debilita
Lo que niego la forma
Lo que afirmo la desvanece

Luz y sombra
Afirmación y negación
particionan el todo

[116] The Shadow

Surrounded by four lights
it casts four shadows

If the light is smaller
it multiplies its size

If it is bigger
its size is diminished

Distance and position
also have influence
on its shape and dimensions

An opaque life
supports
an immense shadow

Small shadow
and sweet life
tally with each other

My ignorance strengthens it
My confrontation weakens it
My denial shapes it
My affirmation dissipates it

Light and shadow
Affirmation and denial
partition the whole

[117] Dimensiones

Espacio y tiempo
infinito y eternidad

se confunden

en la nada

[117] Dimensions

Space and time
infinity and eternity

blend into

nothingness

[118] Reciprocidad

Principio y fin

se implican mutuamente

Su reunión constituye
la unidad

Esto es
la muerte

[118] Reciprocity

The beginning and the ending

are mutually implied

Their meeting constitutes
the unit

That is
death

[119] Magnetismo

En la mayor
oposición

la identidad

[119] MAGNETISM

In the greatest
opposition

the identity

[120] GENERATIVIDAD

El camino del tiempo
no conoce el tiempo

Infinito
no conoce tiempo
ni espacio

En el cuerpo finito
divido hacia el infinito
o expando hacia el infinito

Aespacial y atemporal
conciben espacio y tiempo

Tiempo en el tiempo
es posible
Espacio en el espacio

Pero solo en la no existencia
se puede la existencia

[120] GENERATIVITY

The path of time
does not know time

Infinity
knows no time
nor space

In the finite body
I divide toward infinity
or expand toward infinity

Spacelessness and timelessness
conceive space and time

Time is possible
in time
Space, in space

But existence is possible
only in non-existence

[121] Espejismo

Infinito
es solo una idea

El universo encuentra su límite
en la nada

La nada encuentra su límite
en el ser

Se dice infinito
en función de espacio o de tiempo

No hay un espacio
dónde anidar el infinito

No hay un tiempo
dónde correr la eternidad

En el juego de dos planos
mente y materia
la noción se oscurece

Infinito ilusión y espejismo
se identifican

[121] Mirage

Infinity
is just an idea

The universe finds its limit
in nothingness

Nothingness finds its limit
in the being

Infinity is said
in terms of space or time

There is no space
for infinity to nest

There is no time
for eternity to run

When the two planes
of mind and matter come into play
the notion darkens

Infinity illusion and mirage
are identical

[122] Esencias

Perfecto
esto es
cambiante

Efímero
es decir
eterno

Pequeño

o sea
infinito

[122] Essences

Perfect
that is to say
changing

Ephemeral
that is to say
eternal

Small

in other words
infinite

[123] Implicaciones

El péndulo no es la imagen
sino la esencia del tiempo

Retorno al silencio y esencia del ser
se confunden

Ida
esto es
regreso

Espacio
o sea
tiempo

Nacimiento
es decir
muerte

Totalidad
entonces
nada

[123] Implications

The pendulum is not the image
but the essence of time

Return to silence and essence of being
blend together

Going
that is
returning

Space
in other words
time

Birth
that is to say
death

Wholeness
then
nothingness

[124] Flor de identidad

Como la flor de la identidad
deviene

Para florecer nace y muere

Solo si cambia permanece

[124] THE FLOWER OF IDENTITY

As the flower of identity
evolves

In order to blossom it is born and dies

Only change makes it permanent

[125] Mente versus materia

Mente y materia también son uno

El mundo
se mira en el espejo
de la mente

La imagen del mundo
como la llama del ser
en su fuego es y se consume

La cosa
solo en tanto imagen
existe

significa

[125] Mind Versus Matter

Mind and matter are also one

The world
sees itself in the mirror
of the mind

The image of the world
like the flame of the self
exists in its fire and consumes

The thing
exists
only as image

a signifier

[126] Mente versus espíritu

Innombrable en la imagen
de la cosa

Invisible en la cosa misma

Sustancia de la cosa y de su imagen

Puente sobre el abismo que se abre
entre la cosa y su imagen
entre su imagen y el origen

Llama
hálito

Fuego que permanece más allá del fin
en la unidad que reúne lo uno y lo otro

Mente y espíritu son uno
Materia y espíritu son uno
Sueño y guijarro son uno
lo mismo

No es posible la imagen del espíritu

La cosa
vehículo del espíritu
es también espíritu manifiesto

La idea de la cosa
es tanto el espíritu
como la cosa misma

[126] Mind Versus Spirit

Unnameable in the image
of the thing

Invisible in the thing itself

Substance of the thing and its image

Bridge over the abyss which opens
between the thing and its image
between its image and the origin

Flame
breath

Fire that remains beyond the end
in the unit that brings together the one and the other

Mind and spirit are one
Matter and spirit are one
Dream and pebble are one
the same

An image of the spirit is not possible

The thing
which is vehicle for the spirit
is also the spirit manifested

The idea of the thing
is both the spirit
and the thing itself

[127] Abismos

Dicen

De la nada nada nace

pero el todo solo nace
de la nada
pues la nada es el origen
tanto como el fin

No ser
ser
y no ser

es el ritmo
de la vida

Todo está
en medio
de la nada

[127] Abysses

They say

From nothingness nothing is born

But everything is born
only out of nothing
because nothingness is both the origin
and the end

Not being
being
and not being

is the rhythm
of life

Everything
is in the middle
of nothing

[128] Vacío

Las dos caras del vacío
se resuelven
en función del tiempo

Para el postrer momento
es la ausencia de lo ido
lo que ya no está o ya no es
lo perdido

Para el momento previo
es el espacio de lo que vendrá
lo que ha de ser lo que estará
la esperanza

El vacío es tanto lo perdido
como la esperanza

En función del tiempo
los opuestos alternan su dominio

la luz de tus ojos
tanto me ciega como me ilumina

[128] Vacuum

The two sides of the vacuum
are solved
in terms of time

In terms of the last moment
whatever is no longer
is the absence of what is gone
what has been lost

In terms of the previous moment
whatever will be
is the space of what will come
hope

The vacuum is both what has been lost
and hope

In terms of time
the opposites alternate their domains

the light of your eyes
can make me blind as well as illuminate me

[129] Tiempo

Borra ya el futuro
el pasado

Veamos
el inaprensible ser
en el instante infinito

Ni espacio
ni tiempo

Ni siquiera
nube de cielo

Solo
lo otro
de la nada

[129] Time

Already the future
deletes the past

Let's look at
the ungraspable self
in the infinite instant

Neither space
nor time

Not even
cloud in the sky

Only
other
than nothing

[130] Senderos

En el bosque interior
los senderos
se internan en la sombra

Los de tiempo y espacio
nos conducen al origen
que es tanto el big bang remoto
como el estallido de dos cuerpos
en la cópula

Pero más allá
sigue
una pregunta

Del cuerpo
entra en el laberinto de la mente
en cuyo fondo hay una luz
sin tiempo y sin espacio

y sin materia

que todo lo hace dócil
permeable

y puro

[130] Trails

In the inner forest
the trails
penetrate the shadow

Those of time and space
lead us to the origin
which is the remote Big Bang
or the violent excitement of
two bodies copulating

Yet further beyond
there follows
a question

From the body
it enters the maze of the mind
at the bottom of which there is a light
timeless and spaceless

and matterless

which turns everything docile
permeable

and pure

[131] La semilla

Donde la vida vuelve a ser
comienzo o reiterado retorno
se reúnen los opuestos

La dualidad de la esfera
la música de la fuente
y el manantial del ser
abren el doble sendero

Antes del comienzo
todo era posible

pero los caminos previos
que conducían al origen
de nuestros mundos
en el fuego de su llama
la nuestra definían

Luego no todo era posible

ya en la semilla éramos el único
el inamovible potencial
de lo que ahora somos

[131] The Seed

Where life returns to the
beginning or reiterative return
the opposites meet

The duality of the sphere
the music of the source
and the fountainhead of the self
open the double path

Before the beginning
everything was possible

but the previous paths
that led to the origin
of our worlds
in the fire of its flame
defined our own

Thus not everything was possible

Already as seeds we were unique
the immovable potential
of what we are now

[132] Correspondentia

Un hombre sueña

Cruza la puerta
entra en un campo
cuyo verdor sugiere el paraíso

Asiste a la orgía de una lluvia de estrellas
en una región donde los destellos
iluminan la noche

El hombre duerme en el oscuro catre
de su habitación

La noche blanca y el campo esmeraldino
no existen

pero la vivencia de la orgía sideral
es verdadera

su recuerdo
imborrable

[132] Correspondentia

A man dreams

He crosses a door
enters a field
with a greenness that suggests paradise

He attends a meteor shower orgy
in a region where the flashes
light up the night

The man sleeps in the dark cot
of his room

The white night and the emerald field
do not exist

but the stellar orgy experience
is true

the memory of it
indelible

[133] El río

¿A quién engañas Heráclito?
El río es el mismo
el único

Has ido tantas veces
y siempre has dicho que el río
en su fluir deviene

es otro cada vez

Y el pobre Borges
inocente y asombrado
en el espejo de sus aguas
ve a otro Borges cada vez

y repite de nuevo
crédulo como un poeta puro
tu sentencia falaz

Pero el río es uno solo
uno solo es el jardín y
la cosa es una misma cosa

[133] THE RIVER

Who are you trying to fool, Heraclitus?
The river is the same
the one and only

You have gone so many times
and you have always said that the river
evolves as it flows away

it is different every time

And poor Borges
innocent and amazed
in the mirror of its waters
sees another Borges every time

and again repeats
gullible as a pure poet
your fallacious sentence

But the river is one only
one only is the garden and
the thing is one and the same thing

[134] Cantar del silencio

Así como la sombra afirma
la presencia de una luz

y la muerte anuncia
el retorno de la vida

el silencio es la música perfecta

[134] SONG OF SILENCE

As the shadow bears witness
to the presence of a light

and death announces
the return of life

silence is perfect music

[135] El olvido y la memoria

No niega el olvido
lo que olvida

lo olvidado se trasmuta
en fósil de rincón

tiesto sepultado bajo intensas
capas de sombra
en el vacío

cuya materia es tiempo y nada

De nada y de tiempo se compone
lo que somos

vaga ilusión de un mundo
que tan pronto como se hace visible y animado
se torna oscura sombra que se borra

[135] Oblivion and Memory

In oblivion what is forgotten
is not denied

what is forgotten is transmuted
into a corner fossil

a crock buried under intense
layers of shadow
in the vacuum

the substance of which is time and nothingness

That which we are is composed
of nothingness and time

vague illusion of a world
that as soon as it becomes visible and animated
turns into a dark shadow that disappears

[136] Hipótesis de la semilla

Si siembro esta semilla
el árbol de la vida crece

pues la vida era el aire
la tierra y el agua
obrando en la semilla

En el árbol de la vida
la savia se trasmuta en hojas

y en las ramas brota el destello
de los pétalos
el colorido del mundo
obsequio de la flor radiante

En la semilla brilla la gracia
de un jardín en un tiempo que

como todavía no ha llegado
tan solo es la hipótesis de nada

No es el tiempo
es el jardín futuro que florece
en mi ausencia ya
lo que puedo ver en la semilla

El jardín que puebla los terrenos
y florece ante la multitud de ojos
que todavía no son nada
pues son minúscula posibilidad

La semilla es apenas un pequeño grano
que ahora duerme entre mis dedos

Pero la vida

el dulce aroma de las flores
se revela desde su interior

Apariencia tan verdadera
como la mano que hoy sostiene
la semilla

y que será polvo
cuando las flores dancen
en su orgía de aromas coloridos

[136] THE SEED HYPOTHESIS

If I sow this seed
the tree of life grows

for life was the air
the land and the water
at work in the seed

In the tree of life
the sap transmutes into leaves

and on the branches there buds the splendour
of the petals
the coloring of the world
the gift of the splendid flower

In the seed there shines the grace
of a garden at a time that

since it has not arrived
is but the hypothesis of nothing

It is not the time
it is the future garden in bloom
now in my absence
what I can see in the seed

The garden that settles the lands
and blooms before the crowd of eyes

that are yet nothing
because they are a tiny possibility
The seed is just a small grain
that now sleeps between my fingers

But life
the sweet aroma of flowers
is revealed from its interior

As true an appearance
as the hand which is today holding
the Seed

and which will be dust
when the flowers dance
their orgy of colorful aromas

[137] Disolución

Los opuestos
necesariamente
son complementarios
su adición constituye la unidad

su coexistencia
el equilibrio

En la mayor escala concebimos
el universo

En la menor escala concebimos
el ser

Lo otro del universo
es también lo otro del ser

es decir la nada

La nada y el universo
el ser y la nada
se identifican

La unidad es el resultado
de la disolución de la dualidad
tanto en la mayor escala
como en la menor

Pero el procedimiento es inverso

de la unidad sigue la dualidad

La unidad en sí misma se disuelve

El ser en sí mismo es nada

[137] Dissolution

Opposites
are necessarily
complementary
their addition constitutes the unit

their coexistence
the balance

On a large scale we conceive
the universe

On a low scale we conceive
the self

The otherness of the universe
is also the other in the self

that is to say nothingness

Nothingness and the universe
the self and nothingness
are identical

The unit is the result
of the dissolution of duality
both on the larger scale
and the lower one

But the procedure is reversed

from unity follows duality

The unit in itself dissolves

The self itself is nothing

[138] La gran afirmación

¿Cómo pueden contenerse mutuamente?

Así como ambas están contenidas
en la unidad

Pero no debe creerse que la ecuación
Uno más cero igual a uno
es homóloga a la ecuación
El todo más la nada es igual a la unidad

Porque el uno no continúa en el cero
en tanto que el todo continúa en la nada
y en ella se inscribe

La ecuación derivada
La unidad menos la nada igual al todo
O la unidad menos el todo igual la nada
No es posible

puesto que no se trata
del divertido juego de las matemáticas
sino de la continuidad
de los opuestos complementarios

Y esto es lo que permite la gran afirmación

[138] The Great Affirmation

How can they contain each other?

As well as both are contained
in the unit

But one should not think that the equation
One plus zero equals one
is homologous to the equation
everything plus nothing equals the unit

Because one is not followed by zero
as the whole is followed by nothingness
and inscribes itself within it

The derivative
The unit minus nothing equals the whole
Or the unit minus the whole equals nothing
is not possible

since this is not about
the fun game of mathematics
but of the continuity
of the complementary opposites

And this is what the great affirmation allows

[139] Misterium

El cuerpo precisa tiempo
y espacio

En un tiempo
y un espacio
acontece

La mente precisa el cuerpo
y vuela sobre el espacio
y sobre el tiempo

Va de un lugar a otro
de un tiempo a otro

El cuerpo precisa de la mente
para alcanzar conciencia de sí

Cuerpo sin mente es vil materia
Mente sin cuerpo no es

Pero la unidad de cuerpo y mente
tan solo es manifiesto del espíritu

El espíritu desconoce los límites
de espacio y tiempo

Pero requiere del cuerpo
para ser manifiesto
requiere de la mente
donde se hace la pregunta

El espíritu se manifiesta
en el individuo
pero no es individual
Se presenta en el tiempo
pero es atemporal

Eterno e ilimitado
permanece en el misterio

[139] Misterium

The body requires time
and space

It occurs
at a time
and in a space

The mind requires the body
and flies over space
and over time

It goes from one place to another
from a time to another

The body requires the mind
to achieve self-awareness

The body without the mind is degraded matter
The mind without the body does not exist

But the unit of body and mind
is just a manifestation of the spirit

The spirit is unaware of the limits
of space and time

But it requires the body
To manifest itself
it requires the mind
to pose the question

The spirit manifests itself
in the individual
but it is not individual
It arises in time
but it is timeless

Eternal and unlimited
it remains permanently veiled in mystery

[140] Rizoma

Un tallo bajo la tierra
enraíza y brota

Cada brote un árbol

Los muchos árboles un bosque

y el bosque un único rizoma

Así la suma de individuos
es un solo ser

las múltiples especies
una vida

y la variada algarabía de colores
una ilusión del paraíso

[140] Rhizome

Under the ground a stem
sprouts a root and grows

Each shoot, a tree

Many trees, a forest

and the forest, a single rhizome

Thus the aggregate of individuals
is a single being

the numerous species,
a life

and this variegated parade of colours,
an illusion of paradise

[141] Unidad

La música que escucho viene
de un rincón apartado
del tiempo

Un hombre
sentado frente a un pentagrama
imagina este ritmo
este sonido

Una multitud
dispersa en el tiempo
escucha conmigo

Las almas de los que se fueron
y las almas de los que vendrán
se elevan con mi alma
como si fueran una
como si fuéramos uno

[141] Unity

The music I hear comes
from a distant corner
of time

A man
sitting before a staff
imagines this rhythm
this sound

A crowd
dispersed in time
listens with me

The souls of those who were
and the souls of those who are to come
rise with my soul
as if they were one
as if we were one.

LUIS FERNANDO MACÍAS

Magíster en Filosofía, investigación en "Estética, Filosofía del Arte", Universidad de Antioquia, 1996. Especialista en Literatura Latinoamericana, Universidad de Medellín, 1992. Licenciado en Educación Español y Literatura, Universidad de Antioquia, 1984.

Actual profesor titular de la Universidad de Antioquia, adscrito al Área de Literatura de la Facultad de Comunicaciones, y editor de la Colección Palabras Rodantes del Metro de Medellín y COMFAMA. Fue coordinador de la Red de Lenguaje de Antioquia de la Secretaría de Educación Departamental, director del Aula Taller de Lenguaje de la Escuela del Maestro de la Secretaría de Educación Municipal de Medellín. De 1998 a 2004 fue jefe del Departamento de Publicaciones de la Universidad de Antioquia. De 1997 a 1998 fue director de La Revista Universidad de Antioquia. De 1995 a 1997 fue profesor de la Maestría en Literatura Colombiana de la Facultad de Comunicaciones de la Universidad de Antioquia. De 1992 a 1994 fue jefe del Departamento de Lingüística y Literatura de la Facultad de Comunicaciones de la Universidad de Antioquia.

Formó parte de la redacción de la Revista POESÍA, entre 1990 y 1995. Fue finalista en el Premio Nacional de Cuento del Ministerio de Cultura en 2010, con *Gambito de rey aceptado*. Finalista en el Premio Internacional de Novela Breve "Álvaro Cepeda Samudio", en 2003, con *Eugenia en la sombra*. Ganador del premio de Obras Inéditas del Concejo de Medellín en 1989, con *Ganzúa*. Ganador del primer premio en el II Concurso de Cuento de la Universidad de Medellín en 1982, con *El primo y la cometa*. Finalista en el IV Premio Nacional de Poesía Universidad de Antioquia en 1982, con la obra *Del barrio, las vecinas*. Finalista en el IV Concurso ENKA de Literatura Infantil en 1983, con *Casa de bifloras*. Finalista en el VI Concurso ENKA de literatura Infantil en 1987, con *La rana sin dientes*. Lauro Académico de la Universidad de Medellín para el trabajo *Diario de lectura I: Manuel Mejía Vallejo*.

Obras

1. *Amada está lavando* (Novela). Ediciones Acuarimántima y Hombre Nuevo, Medellín, 1979. Segunda Edición Colección de Autores Antioqueños Nº 15, Medellín, 1985. Tercera edición Editorial el Propio Bolsillo, Medellín, 1987.
2. *Trabajos de taller* (Libro colectivo). Biblioteca Pública Piloto, Medellín, 1980.
3. *Poetas en abril* (Libro colectivo). Fundación Talleres, Medellín, 1982.
4. *La flor de lilolá* (Cuentos infantiles). Editorial El Propio Bolsillo, Medellín, 1986. Segunda edición Editorial El Renacuajo Dorado, Medellín, 1988. Tercera edición Carlos Valencia Editores, Bogotá, 1989.
5. *Del barrio las vecinas* (Poemas). Editorial El Propio Bolsillo, Medellín, 1987.
6. *La rana sin dientes* (Cuentos infantiles). Editorial El Propio Bolsillo, Medellín, 1988.
7. *Ganzúa* (Novela). Ediciones Concejo de Medellín, Medellín, 1989. Segunda edición Editorial El Propio Bolsillo, Medellín, 1988.
8. *Taller de escritores 10 años* (Libro colectivo). Biblioteca Pública Piloto, Medellín, 1990.
9. *Casa de bifloras* (Infantil). Editorial El Propio Bolsillo, Medellín, 1991.
10. *Diario de lectura I: Manuel Mejía Vallejo* (Ensayo). Colcultura, Biblioteca Pública Piloto, Medellín, 1994.
11. *Una leve mirada sobre el valle* (Poemas). Revista POESÍA Nº 9, Medellín, 1994.
12. *Diario de lectura II, El pensamiento estético en las obras de Fernando González* (Ensayo). Fondo Editorial Universidad de Medellín, 1997.
13. *La línea del tiempo* (Poemas). Editorial El Propio Bolsillo, Medellín, 1997.
14. *Busca raíz* (Ensayos). Editorial Universidad Pontificia Bolivariana. Medellín, 1999.
15. *Los cantos de Isabel* (Poemas). Editorial El Propio Bolsillo, Medellín, 2000.
16. *Alejandro y María* (Infantil). Editorial El Propio Bolsillo, Medellín, 2000.
17. *Los relatos de La Milagrosa* (Cuentos). Editorial Eafit, Medellín, 2000.
18. *Memoria del pez* (Poemas). Ediciones UNEAC, La Habana, 2002.
19. *Cantar del retorno* (Poemas). Editorial El Propio Bolsillo, Medellín, 2003.
20. *El juego como método para la enseñanza de la literatura a niños y jóvenes* (Ensayo). Biblioteca Pública Piloto, Medellín, 2003.
21. *Eugenia en la sombra* (Novela). Editorial Tambor Arlequín. Medellín, 2003.
22. *Los guardianes inocentes* (Cuentos). Editorial Tambor Arlequín. Medellín, 2004.

23. *Quien no lo adivina, bien tonto es* (Infantil). Editorial Alfaguara. Bogotá, 2007.
24. *Glosario de referencias léxicas y culturales en la obra de León de Greiff* (Ensayo). Editorial Eafit. Medellín, 2007.
25. *León de Greiff en el mítico país del sol sonoro* (Antología). Secretaría de Educación Departamental de Antioquia, Medellín, 2007.
26. *El cuento es el rey de los maestros* (Antología). Secretaría de Educación Municipal. Medellín, 2007.
27. *El taller de creación literaria: métodos ejercicios y lecturas* (Ensayo didáctico). Secretaría de Educación Municipal de Medellín. Medellín, 2008.
28. *La canción del barrio* (Novela). Editorial Tambor Arlequín. Medellín, 2008.
29. *El jardín del origen* (Poemas). Editorial Universidad de Antioquia. Medellín, 2009.
30. *Callado canto* (Poemas). Editorial Tambor Arlequín. Medellín, 2010.
31. *La experiencia estética en la lectura* (Ensayo). Colección Bitácora N° 17, Dirección Cultural Universidad Industrial de Santander, Bucaramanga, 2011.
32. *Gambito de rey aceptado* (Novela). Ediciones B, Bogotá, 2012.
33. *Así lo escuché, así lo cuento* (Cuentos). Panamericana Editorial, Bogotá, 2013.
34. *Señor, señora… adivine ahora* (Adivinanzas). Panamericana Editorial, Bogotá, 2015.
35. *El libro de las paradojas* (Poemas). Sílaba Editores, Medellín, 2015.
36. *De pajarito al parque Arví* (Crónica infantil) en: *Los días del asombro, poética de las ciudades*. Ediciones El Barco de Vapor, Bogotá, 2015.
37. *Diario de lectura III: León de Greiff, quintaesencia de la poesía* (Ensayo). Hilo de Plata Editores, Medellín, 2015.
38. *Valentina y el teléfono mostaza* (Infantil). Editorial Panamericana, Bogotá, 2017.
39. *Memoria del pez* (Poemas). Colección Zenócrate, Uniediciones, Bogotá, 2017.

Luis Fernando Macías

The author has a Master's degree in Philosophy, research in "Aesthetics, Philosophy of Art," University of Antioquia, 1996. He is a Specialist in Latin American Literature, University of Medellin, 1992. He holds a degree in Spanish Education and Literature, University of Antioquia, 1984.

He is a professor at University of Antioquia in Medellín, currently ascribed to the Department of Literature at the Faculty of Communications, and editor of the publications Colección Palabras Rodantes of the Metro de Medellín and COMFAMA. He was the coordinator of the Red de Lenguaje de Antioquia of the Departmental Education Secretary, Director of the Aula Taller de Lenguaje of the Escuela del Maestro for the Municipal Education Secretary of Medellín. From 1998 to 2004, he was Head of the Publications Department of the University of Antioquia. From 1997 to 1998 he was director of the University of Antioquia magazine. From 1995 to 1997 he was a professor of the Masters in Colombian Literature for the Faculty of Communication at the University of Antioquia. From 1992 to 1994 he was head of the Department of Linguistics and Literature for the Faculty of Communication at the University of Antioquia.

He was a member of the editorial board of the magazine POESÍA, between 1990 and 1995. He was a finalist for the National Short Story Prize of the Ministry of Culture in 2010, with *Gambito de rey aceptado*. He was a finalist for the International Prize for Short Novel "Álvaro Cepeda Samudio," in 2003, with *Eugenia en la sombra*. The winner of the Unpublished works of the Council of Medellin in 1989, with *Ganzúa*. He was the winner of the first prize in The University of Medellin II Contest in 1982, with *El primo y la cometa*. He was finalist for the IV National Poetry Award of the University of Antioquia in 1982, with *Del barrio las vecinas* as well as for the IV ENKA of Children's Literature in 1983, with *Casa de bifloras*. He was finalist for the VI ENKA of Children's Literature in 1987, with *La rana sin dientes*. Academic degree at the University of Medellin for the work *Diario de lectura 1: Manuel Mejía Vallejo*.

Works

1. *Amada está lavando* (Novel). Ediciones Acuarimántima y Hombre Nuevo, Medellín, 1979. Second edition, Colección de Autores Antioqueños N° 15, Medellín, 1985. Third edition, Editorial El Propio Bolsillo, Medellín, 1987.
2. *Trabajos de taller* (Collective book). Piloto Public Library, Medellín, 1980.
3. *Poetas en abril* (Collective book). Talleres Foundation, Medellín, 1982.
4. *La flor de lilolá* (Children's tales). Editorial El Propio Bolsillo, Medellín, 1986. Second edition, Editorial El Renacuajo Dorado, Medellín, 1988. Third edition, Carlos Valencia Editores, Bogotá, 1989.
5. *Del barrio las vecinas* (Poems). Editorial El Propio Bolsillo, Medellín, 1987.
6. *La rana sin dientes* (Children's tales). Editorial El Propio Bolsillo, Medellín, 1988.
7. *Ganzúa* (Novel). Ediciones Concejo de Medellín, Medellín, 1989. Second edition, publishing house: Editorial El Propio Bolsillo, Medellín, 1988.
8. *Taller de escritores 10 años* (Collective book). Piloto Public Library, Medellín, 1990.
9. *Casa de bifloras* (Children's Literature). Editorial El Propio Bolsillo, Medellín, 1991.
10. *Diario de lectura I: Manuel Mejía Vallejo* (Essay). Colcultura, Piloto Public Library, Medellín, 1994.
11. *Una leve mirada sobre el valle* (Poems). Revista POESÍA N° 9, Medellín, 1994.
12. *Diario de lectura II, El pensamiento estético en las obras de Fernando González* (Essay). Fondo Editorial Universidad de Medellín, 1997.
13. *La línea del tiempo* (Poems). Editorial El Propio Bolsillo, Medellín, 1997.
14. *Busca raíz* (Essays). Editorial Universidad Pontificia Bolivariana. Medellín, 1999.
15. *Los cantos de Isabel* (Poems). Editorial El Propio Bolsillo, Medellín, 2000.
16. *Alejandro y María* (Children's Literature). Editorial El Propio Bolsillo, Medellín, 2000.
17. *Los relatos de La Milagrosa* (Stories). Editorial Eafit, Medellín, 2000.
18. *Memoria del pez* (Poemas). Ediciones UNEAC, La Habana, 2002.
19. *Cantar del retorno* (Poemas). Editorial El Propio Bolsillo, Medellín, 2003.
20. *El juego como método para la enseñanza de la literatura a niños y jóvenes* (Essay). Biblioteca Pública Piloto, Medellín, 2003.
21. *Eugenia en la sombra* (Novel). Editorial Tambor Arlequín. Medellín, 2003.

22. *Los guardianes inocentes* (Stories). Editorial Tambor Arlequín. Medellín, 2004.
23. *Quien no lo adivina, bien tonto es* (Children's Literature). Editorial Alfaguara. Bogotá, 2007.
24. *Glosario de referencias léxicas y culturales en la obra de León de Greiff* (Essay). Editorial Eafit. Medellín, 2007.
25. *León de Greiff en el mítico país del sol sonoro* (Anthology). Departmental Education Secretary of Antioquia, Medellín, 2007.
26. *El cuento es el rey de los maestros* (Anthology). Municipal Education Secretary. Medellín, 2007.
27. *El taller de creación literaria: métodos ejercicios y lecturas* (Didactic Essay). Secretaría de Educación Municipal de Medellín. Medellín, 2008.
28. *La canción del barrio* (Novel). Editorial Tambor Arlequín. Medellín, 2008.
29. *El jardín del origen* (Poems). Editorial Universidad de Antioquia. Medellín, 2009.
30. *Callado canto* (Poems). Editorial Tambor Arlequín. Medellín, 2010.
31. *La experiencia estética en la lectura* (Essay). Colección Bitácora N° 17, Cultural Direction Universidad Industrial de Santander, Bucaramanga, 2011.
32. *Gambito de rey aceptado* (Novel). Ediciones B, Bogotá, 2012.
33. *Así lo escuché, así lo cuento* (Tales). Panamericana Editorial, Bogotá, 2013.
34. *Señor, señora… adivine ahora* (Riddles). Panamericana Editorial, Bogotá, 2015.
35. *El libro de las paradojas* (Poems). Sílaba Editores, Medellín, 2015.
36. *De pajarito al parque Arví* (Children's chronicle) in: *Los días del asombro, poética de las ciudades*. Ediciones El Barco de Vapor, Bogotá, 2015.
37. *Diario de lectura III: León de Greiff, quintaesencia de la poesía* (Essay). Hilo de Plata Editores, Medellín, 2015.
38. *Valentina y el teléfono mostaza* (Children's book). Editorial Panamericana, Bogotá, 2017.
39. *Memoria del pez* (Poems). Colección Zenócrate, Uniediciones, Bogotá, 2017.

CAROLINA ZAMUDIO
(Selección, prólogo y edición)

Curuzú Cuatiá, Argentina, 1973. Escritora y ensayista. Magíster en Comunicación Institucional y Asuntos Públicos de la Universidad Argentina de la Empresa y Periodista de la Universidad Católica Argentina. Miembro del Consejo Editorial de la Revista Literariedad de Colombia. Publicó los poemarios *Seguir al viento*, Ediciones Último Reino (Argentina); *La oscuridad de lo que brilla*, bilingüe español/inglés, Artepoética Press (Estados Unidos), la antología *Doble fondo XII*, (Colombia) y *Rituales del azar*, español/francés, Valle-Cisneros (Francia); las plaquettes *Teoría sobre la belleza y otros poemas*, Ediciones de la Garza Mora (Argentina) y *Las certezas son del sol*, Vincigüerra (Argentina).

Curuzú Cuatiá, Argentina, 1973. Writer and essayist. Master's degree in Institutional Communication and Public Affairs from at Universidad Argentina de la Empresa and Journalist at Universidad Católica Argentina. Member of the Editorial Board of Literariedad, colombian magazine. She published the poetry books *Seguir al viento*, Ediciones Último Reino (Argentine); *La oscuridad de lo que brilla/The darkness of what shines*, bilingual Spanish / English, Artepoética Press (United States), the anthology *Doble fondo XII*, (Colombia) and *Rituales del azar*, Spanish / French, Valle-Cisneros (France); The plaquettes *Teoría sobre la belleza y otros poemas*, Ediciones de la Garza Mora (Argentina) and *Las certezas son del sol*, Vinciguerra (Argentina).

VALENTINA MACÍAS ISAZA
(Traducción al inglés)

Medellín, Colombia, 1985. Traductora inglés-francés-español de la Universidad de Antioquia. Estudiante de Licenciatura en inglés y español de la Universidad Pontificia Bolivariana. Ha traducido poetas y dramaturgos clásicos como Shakespeare (*Sueño de una noche de verano*) y Rainer Maria Rilke (*Cartas a un joven poeta*) para la colección Palabras Rodantes del Metro de Medellín y COMFAMA. *El vuelo del pintor* y *La fisionomía de las sombras* de Renaud Baillet, Hominis Solaris Ediciones. Actualmente, se desempeña como profesora de francés y de español para Bayside Media Pvt. Ltd. en Mumbai, India.

Medellín, Colombia, 1985. Translator English, French, Spanish from the University of Antioquia. She's studying for a Bachelors degree in Teaching Languages English and Spanish at the Pontifical Bolivarian University. She has translated and published classical poets and dramaturges such as Shakespeare (*Midsummer Night's Dream,* Spanish version) and Rainer Maria Rilke (*Letters to a Young Poet*, Spanish version) for the Colección Palabras Rodantes of the Metro de Medellín and COMFAMA. *El Vuelo del Pintor* and *La Fisionomía de las Sombras* from the french author Renaud Baillet, through the publishing house Hominis Solaris Ediciones. She currently serves as Foreign Language Teacher (Spanish and French) at Bayside Media Pvt. Ltd. in Mumbai, India.

Epílogo

Esta antología de Luis Fernando Macías empieza celebrando las mujeres y termina cantándole a la fugacidad de la existencia y a la ilusión del universo. Los primeros son poemas cortos, límpidos, profundos que podrían leerse como un homenaje a las mujeres de una geografía determinada. Los segundos se hunden en otra clase de limpidez y de hondura donde un abrazo de filosofía y misticismo se respira en cada verso. El tránsito de esta humanidad femenina a la vastedad de una forma de comprender el cosmos no es brusco, porque aquí estamos ante una poesía madura y certera. Una poesía que se sabe, al mismo tiempo, océano y pozo. Una poesía despojada del boato y que elude el artificio. Apoyada siempre en una calmada sobriedad de la expresión, Macías va indagando en el ser, en el tiempo, en la memoria, en el olvido, en Dios, en el infinito y en nada. Pero, más allá de este abanico de resplandores, lo que predomina en el lector es la certeza de que está ante poemas que transmiten su sabiduría reconociendo que las palabras convocadas apuntan al silencio.

Pablo Montoya

Epilogue

This anthology of Luis Fernando Macías' poetry begins celebrating women and finishes singing the brevity of existence and the illusion of the universe. The first poems are short, limpid, deep, and could be read as tribute to the women of a specific region. The second set dives in a different type of limpidness and depth where philosophy and mysticism transpire in each verse. The transition from this feminine humanity to the vastness of a form of understanding the cosmos is not abrupt, because here we are in the presence of mature and precise poetry. A poetry that recognizes itself as ocean and water well. A poetry free of ostentation that avoids artificialness. Always based on a tranquil sobriety of expression, Macías' poetry explores in being, in time, in memory, in oblivion, in God, in infinity, and in nothingness. But beyond this array of shining lights, what predominates in the reader is the certainty of being in the presence of poems that transmit their wisdom recognizing that all the summoned words point towards silence.

Pablo Montoya